W. Hönig

Der Wormser Volksprotest

W. Hönig

Der Wormser Volksprotest

ISBN/EAN: 9783743362314

Hergestellt in Europa, USA, Kanada, Australien, Japan

Cover: Foto ©ninafisch / pixelio.de

Manufactured and distributed by brebook publishing software
(www.brebook.com)

W. Hönig

Der Wormser Volksprotest

Der

Wormſer Volksproteſt.

Feſtbericht und Reden

der am 31. Mai in Worms abgehaltenen proteſtantiſchen
Volksverſammlung

redigirt von

W. Hönig,

Stadtpfarrer in Heidelberg.

(Separatabdruck aus dem Südd. ev. proteſt. Wochenblatt.)

(Mit einer Abbildung des Lutherdenkmals.)

Heidelberg.
Druck und Verlag von G. Mohr.
1869.

Das Luther-Denkmal in Worms.

Der Wormser Volksprotest vom 31. Mai.

Nach dem Lutherfest hat die neueste Zeit schwerlich eine größere protestantische Massenversammlung gesehen als diejenige, welche am 31. Mai an derselbe Stätte stattgefunden hat, wo vor einem Jahre das deutsche protestantische Volk in der Erinnerung an die Reformation in einen endlosen Jubel ausgebrochen ist. Schwerlich hatten die Männer, welche diese Versammlung berufen hatten, eine Ahnung von den großartigen Verhältnissen, welche ihr Unternehmen unter ihren Händen annehmen sollte. Die Erwartungen wuchsen zwar von Woche zu Woche seit der öffentlichen Berufung, aber die vollendete Thatsache übertraf doch noch den Gipfelpunkt aller Erwartung. Nach allgemeiner Annahme, welche gewiß nicht der übertreibenden Phantasie zuzuschreiben ist, betrug die Zahl protestantischer Männer, welche am 31. in Worms tagten, 20—30,000. Aber noch gewaltiger als diese Vielheit, war die Einheit des Geistes, von denen diese Massen beseelt waren. — Schon am Abend des 30. Mai zog eine große Zahl von Ausschußmitgliedern und Delegirten in die reichbeflaggte Lutherstadt ein. Die nöthigen Vorkehrungen waren von dem Localcomité aufs sorgsamste getroffen, auch für das leibliche Wohl der Gäste war aufs aufmerksamste gesorgt. In der vorberathenden Versammlung der Delegirten, welche gegen Abend unter dem Vorsitze Dr. Schenkels stattfand, saßen neben den schon gegen 100 anwesenden Abgesandten aus Süddeutschland Vertreter aus fast allen Landesgegenden deutscher Zunge, aus Bremen, Hannover, Hamburg, Berlin, aus dem österreichischen Schlesien, aus dem Elsaß, aus Petersburg. Verhandelt wurde 1) über die Bestellung des Büreaus für den andern Tag. Auf den Vorschlag des Comité's wurden einstimmig Geh. Rath Dr. Bluntschli aus Heidelberg zum Präsidenten, Dr. Schröder aus Worms zum Vicepräsidenten, Stadtpfarrer Hönig aus Heidelberg, Advocat Weber aus Offenbach, Pfarrer Schröder aus

Nassau und Pfarrer Schlich aus Rheinhessen zu Secretä=
ren erwählt. Ferner wurde, nach einigen Anordnungen über
Veröffentlichung und Berichterstattung, aus Rücksicht für
die Anlagen um das Lutherdenkmal von dem beabsichtigten
Zug an dasselbe Abstand genommen und dafür beschlossen,
nach vollendeten Verhandlungen auf öffentlichem Markte die
gefaßten Beschlüsse noch einmal zu verkünden und darauf
das Lutherlied anzustimmen. Die Vorlage der Thesen an
die Versammlung wurde genehmigt und in Beziehung auf die
Versammlung über dieselben mit Rücksicht auf den Ort, wo
dieselbe stattfindet, für würdig befunden, wenn sich die Ver=
sammlung der Beifallsäußerungen enthalte, was dem Präsi=
denten ans Herz gelegt wurde. Endlich wurde der für die
Versammlung bestehende Ausschuß für einstweilen permanent
erklärt mit dem Auftrage, die Organisation der protestanti=
schen Bewegung in Südwestdeutschland auch weiterhin ener=
gisch in die Hand zu nehmen. Während der Versammlung
meldet ein feierliches Glockengeläute den kommenden Festtag.

Ein Choral von hohem Thurme verkündigte den Anbruch
des lange erwarteten Tages. Schon in aller Frühe strömte es zu allen
Thoren herein. Die Bahnzüge, welche nicht im Stande wa=
ren, den Zudrang an den nächstgelegenen Stationen zu be=
friedigen führten jede halbe Stunde neue Menschenmassen her=
bei. In allen Straßen ist ein in erstaunlichen Progressionen
zunehmendes Menschengewoge. Um 10 Uhr versammeln sich
die Delegirten im Casinogebäude, um bald darauf in einem
freilich nur mit Mühe sich durch die Menge hindurch kämpfen=
den Zuge in die Dreifaltigkeitskirche zu begeben. Die colos=
salen Räume der 6000 Menschen fassenden Kirche füllen sich
bis zum letzten Winkel, und viele Tausende begehren umsonst
noch den Einlaß. Nachdem endlich Ruhe eingekehrt war,
begann die Feierlichkeit mit einem dem Bremer christlichen
Gesangbuch entnommenen, von allem Volke gesungenen Liede
dessen erster Vers lautet:

Erhalt uns Herr bei deinem Wort!
Den finstern Irrthum treibe fort!
Bewahr' uns vor Gewissenszwang;
Frei bleibe unser Lobgesang!

Darauf erhebt sich die Gemeinde und Pfarrer Briegleb
aus Hohen=Sülzen spricht aus freiem Herzen folgendes ächt
protestantisches, an einzelnen Stellen wirklich ergreifendes
Gebet.

Im Namen Gottes, des Vaters, des Sohnes und des heil. Geistes. Amen.

Zu dir, o Gott, dem Vater des Lichts, von dem alle gute und alle vollkommene Gabe kommt, blicken wir empor und bitten dich, du wollest deinen Geist auf uns ruhen lassen und uns heiligen zu dem Werk, um dessentwillen wir vor deinem Angesichte versammelt sind!

In deines Sohnes Namen treten wir vor dich, stehend auf dem festen Grund, der durch Christum gelegt und aus tiefster Geistesnacht durch die Reformation wiedergewonnen ist, und wollen Zeugniß geben von der Glaubensfreudigkeit mit der wir festhalten an dem Kleinod evang. Wahrheit — und wollen reden von der heil. Aufgabe, die dein Wille uns stellt: die evang. Freiheit auf dem gelegten Grunde weiter zu bauen, auf daß innerhalb der Formen kirchlichen Lebens, die unserer Denkweise und unserer Bildung angepaßt sind, dein göttliches Wort laufe und wachse und von Gemeinde zu Gemeinde immer reicheren, volleren Segen offenbare.

Laß dazu, o Herr, unser Reden und unser Thun gesegnet sein! Gib uns deinen heil. Geist, den Geist der Weisheit und Erkenntniß, den Geist der Liebe und Milde, auf daß wir einmüthiglich unser Friedenswerk treiben; auch keinen Derer, die anderen Glaubens sind, gering schätzen oder verletzen; vielmehr reden, was nütze zur Erbauung und Besserrung ist und einander dienen mit den mancherlei Gaben, die wir von dir empfangen haben!

Und weil in dieser argen Welt der letzte Streit um deine Wahrheit noch nicht ausgekämpft ist, so laß, o Herr, wenn die Gegner uns anfeinden und schmähen, laß uns, als Bekenner dessen, der sanftmüthig und von Herzen demüthig war, laß uns nur immer ohne Haß und Bitterkeit, aber fest und freimüthig und ohne Menschenfurcht den Weg gehen, den dein Geist unserm Gewissen als den rechten bezeichnet hat, laß uns kämpfen, weil es denn sein muß, nicht fleischlich, sondern geistig, und nur allein mit deinem Worte, der allezeit guten Wehr und Waffe, die den alten bösen Feind: „Bosheit und Lüge, Irrthum und Verblendung" schlägt.

O Herr, wir bauen auf dein Wort, das menschlicher Stützen nicht bedarf; wir bauen auf deinen heil. Geist, der in alle Wahrheit leitet, und flehen zu dir: gieße ihn aus deinen und deines Sohnes Geist über alles Volk, auf daß, was noch finster unter ihm ist, erleuchtet, und was todt ist, zum Leben erweckt, und so deine evang. Kirche aller ihrer Glieder mächtig werde, deren sie bedarf, um die Trägerin des Lichtes zu sein unter den Nationen der Erde!

Herr, wir bitten nicht engherzig für uns allein, wir bitten für Alle, die mit uns dieselbe Sprache reden. Laß sie Alle fortschreiten von Erkenntniß zu Erkenntniß; laß sie Alle von dir empfangen Gnade um Gnade! O Herr, laß den Geist deines gesammten deutschen Volkes sich tiefer und tiefer einsenken in den Lebensquell des lauteren Evangeliums, auf daß sie Alle, Alle, einträchtiglich und in Frieden, neben einander und mit einander die brennenden Lippen kühlen und die dürstenden Herzen erquicken an dem tiefen, frischen und klaren Strome, der vom Kreuze Christi herab durch die Welt zieht, und Alle, Alle durch ein Leben voll Liebe ihren Glauben als den rechten offenbaren!

Herr, es gehet schon wie Frühlingsrauschen durch dein deutsches evangelisches Volk, wie ein Brausen vom Himmel, gewaltig, gleich dem, da der Tag der Pfingsten sich erfüllte! Herr, wir vernehmen darin die Stimmen deines Geistes, die auf neues Leben in deinem Reiche deutet; deine tröstende, verheißende Stimme, daß du dein Volk nicht verabsäumst noch vergissest. O, mache den Glauben, daß in den religiös-sittlichen Kundgebungen des deutschen Volksgeistes deine Stimme verheißungsvoll zu uns spreche, mache diesen Glauben zur freudigen Gewißheit in viel Tausenden und Tausenden von Herzen und laß dieselbigen schwellen von der frohen Hoffnung, daß nach langer dürrer, unfruchtbarer Zeit dein heil. Odem wieder belebend und erfrischend durch die Welt wehe; und mache fest in uns, du treuer Gott, die frohe Hoffnung, daß der Baum der Reformation endlich, endlich allenthalben in deutscher Erde beginne, seine Wurzeln tiefer zu treiben, tief hinab in den vollen, frischen Grund des wahren Volksthums, wo fromm und warm die Pulse des nationalen Lebens schlagen, und von wo er heraufholt die unverwüstliche Lebenskraft, die kein Gluthhauch des Windes von jenseits der Berge ihm versengt, die unverwüstliche Lebenskraft, die in ihm treibt und wirkt, bis seine immergrünen Zweige zur Krone sich wölben, so groß und gewaltig, so hoch und hehr, daß noch die Fülle der Völker sich darunter sammelt, einst, wann sie Alle dich, o Gott, im Lichte deiner Wahrheit erkennen, wann vor dem freien Wehen deines Geistes die letzte Zwingburg des Geistes gefallen sein wird.

O, so laß, Herr, du treuer Gott, diesen, deinen heiligen Geist reichlich ausströmen in alle Welt, daß er Erlösung bringe aus viel schmählichen, drückenden Banden! Laß ihn fort und fort und weiter und weiter reformiren unter deiner Menschheit, auf daß der ungeistlichen Eiferer weniger werden, daß sie hinfort nicht mehr ihre Hadersachen als Religion verkündigen, und kläglich zugespitzte Lehrsätze nicht mehr als den untrüglichen Weg zur Seligkeit bezeichnen und nicht mehr durch feindselige Schranken lieblos scheiden, was du, o Gott, von Haus aus zusammengefüget hast; vielmehr hoch über alle Sonderbekenntnisse das eine Hauptbekenntniß stellen, das aus dem Munde deines Sohnes Jesu Christi, hervorgegangen ist:

„dich, o Gott, im Geist und in der Wahrheit anzubeten,"

auf daß allüberall, in Palästen wie in Hütten, deine Ehre wohne, und endlich Friede werde auf Erden, und Alle ihr höchstes Wohlgefallen daran haben, daß deine Wahrheit in Christo Jesu die ganze Menschenwelt durchleuchte!

Hilf, Herr, und mache zu solchem Dienste für die heil. Zwecke deines Reiches deine evangelische Kirche durch Läuterung ihrer Glieder und Erneuerung ihres Geistes geschickt! Du hast sie schon einmal das Salz sein lassen, das die Christenheit vor Fäulniß bewahret und aus geistiger und sittlicher Versumpfung gerettet hat. Herr, brauche sie, deine erneute, von deinem Geist erfüllte, evangelische Kirche auch fernerhin zu deinem Dienste als ein Salz und ein Licht für die Menschenwelt! Heilige Alle, die ihr angehören, und mache sie zu unerschrockenen Zeugen deiner Wahrheit! Steh' in Gnaden auch auf uns herab und lege deinen Segen auf diesen Tag und auf diese Versammlung! Brauche auch uns als deine Boten, die in Demuth und Treue ausrichten, wozu dein Geist treibt! Hilf, Herr! laß wohl gelingen! Hilf, Herr, und gib Gnade, daß wir noch die Morgenröthe schauen, die volle Morgenröthe, die den Anbruch des neuen Tags verkündet deinem deutschen Volke, deiner deutschen Kirche! Amen.

Dem Gebete folgte ein von Director Haine geleiteter trefflich ausgeführter Männerchor „Ich suche dich, o Unerforschlicher." Dann betritt Dr. Schröder, Advokat und Vorstand des Protestantenvereins in Worms, die Rednerbühne und begrüßt die Versammlung mit folgender Ansprache:

Hochgeehrte Versammlung! Die Erinnerungen an die hier im vorigen Jahre stattgehabte großartige und gelungene Enthüllungsfeier des Lutherdenkmals sind noch frisch unter uns, und wieder hat die alte Rheinstadt, welche verjüngt und in ihrer historischen Bedeutung verstärkt ist durch das ihr ge= wordene Luthermonument, die Freude, eine Versammlung deutscher Protestanten in ihren Mauern zu begrüßen. Aus vollem Herzen gebe ich an dieser geweihten Stätte, welche uns die Loyalität des hiesigen evangelischen Kirchenvorstandes eingeräumt hat, im Namen eines großen Theils der Prote= stanten von Worms dieser Freude Ausdruck. Haben doch bei dem vorjährigen Feste fast alle Bewohner dieser Stadt durch eine wahrhaft freidenkende Haltung die Toleranz ihrer Ge= sinnung bewiesen. Vor Allem will aber grade die heutige Versammlung ihren katholischen Mitbürgern und ihren eige= nen Confessionsverwandten von gleichem Geiste Zeugniß geben, sie muß es, weil sie die Vergangenheit des Protestan= tismus ehren und seine Zukunft sichern will.

Hochgeehrte Anwesende! Die beiden zur heutigen Ver= handlung gestellten Gegenstände zeugen von dem Ernst der religiösen und kirchlichen Lage, von der Schärfe der darin vorhandenen Gegensätze und deuten zugleich die Größe der Aufgaben an, welche dem Protestantismus jetzt gestellt sind; diese zahlreiche Versammlung beweist aber auch, daß diese Aufgaben in ihrer umfassenden Wichtigkeit immer allseitiger erkannt und anerkannt werden. Solches aber thut noth. — Wie die Dinge liegen, ist es von nicht zu unterschätzender Bedeutung, daß man hier am Rheine, in Süddeutschland, die Aufgaben unserer protestantischen Kirche jetzt lebhaft, aber auch entschieden anfaßt und sich anschickt immer mehr bahn= brechend dafür einzutreten. Diese Aufgaben wurzeln aber und die Thätigkeit dafür wächst heraus aus der Erkenntniß von dem nothwendigen Zusammenhang der protestantischen Kirche mit dem nationalen und dem ganzen Culturleben, welche Erkenntniß auch in der Welt oder sog. Profangeschichte die Gottesidee und das nimmer rastende Weltgericht walten sieht.

So denkt das protestantische Volk, die Gemeinde, und diese bilden unsere Kirche. Durch die Gesammtheit der Ge= meinden muß die Kirche erneuert und dadurch wird sie die Heimstätte Aller werden. Diese Versammlung, frei berufen und freiwillig erschienen wie sie ist, ist darum ein unmittel= barer und sicherer Ausdruck des allgemeinen Bewußtseins unserer kirchlichen Gemeinschaft.

Lassen Sie, Hochverehrte Versammlung, mich es dabei als ein günstiges Zeichen ansehen, daß wir im Lande weiland

Philipps des Großmüthigen, des muthigen, tapferen und ener=
gischen Ahnherrn des erlauchten Hessischen Fürstenhauses,
tagen, noch mehr, daß gerade hier in Worms Luther die
größte That seines Lebens kühn vornahm, vor Kaiser und
Reich, daß von hier aus, troß List und Macht dawider, die
„neue Lehre" immer mehr Anhänger gewann und seitdem in
Europa und darüber hinaus uns den heutigen Staat, die
heutige Kirche, die moderne Wissenschaft schuf, kurz, auf allen
Lebensgebieten schöpferisch wirkte. — So möge denn diese Ver=
sammlung dem Protestantismus ein neues Förderungsmittel,
seinen Bekennern ein wahrer geistiger Weckruf und Sieges=
tag sein und werden, das walte Gott!

Nach dieser Begrüßungsrede eröffnet der von den Dele=
girten gewählte Präsident, Geh. Rath Dr. Bluntschli die
Verhandlungen. Er gibt einen Ueberblick über die Veran=
lassung, welche die heutige großartige Protestantenversammlung
zusammenführt. Der Papst habe eine Einladung an die
Protestanten erlassen zur Rückkehr in den „einigen Schafstall"
Roms; die deutschen Protestanten fühlten ein Bedürfniß, dar=
auf eine Antwort zu geben. Denn das deutsche Volk be=
trachte die Reformation als die größte That auf deutschem
Boden und wolle die religiösen, politischen, sittlichen Güter
der Reformation um nichts in der Welt mehr preisgeben.
Das deutsche Volk kennt den Kampf mit der Herrschaft an
der Tiber schon aus langer Erfahrung; es wisse, was es von
daher zu gewärtigen habe, es kenne aber auch die Antwort,
welche es den römischen Anmaßungen zu ertheilen habe. So
sind wir denn auch heute versammelt, um aus der Tiefe des
Volksgefühls heraus der römischen Einladung eine unmißver=
ständliche Antwort zu geben. Wir wollen keinen con=
fessionellen Zwiespalt, keinen Kampf gegen Katho=
liken, mit welchen wir durch die Bande des Vaterlandes und
der Familie vielfach verbunden sind; aber der confessionelle
Zwiespalt soll auch nicht von der andern Seite in unsere
Verhältnisse des Friedens hineingetragen werden: das ist
unser entschiedener Wille, und wir wollen dem
einen ebenso entschiedenen, volksthümlichen,
deutschen Ausdruck geben. Die heutige Versammlung
beweist, daß im Volke ein Bewußtsein lebt: der Augenblick
sei gekommen, wo jede Knechtung des Geistes schwinden muß,
wenn die Kirche bestehen will; wo dem religiösen Leben volle
Freiheit der Entwicklung gestattet werden und die Kirche sich
versöhnen muß mit der Cultur der Zeit.

Der Präsident macht hierauf noch einige geschäftliche Be-
merkungen; namentlich verliest er eine Reihe von Zuschriften
und Telegramme an die Versammlung. Wir theilen sie im
Folgenden mit.

Aus Reichenbach in Schlesien ein Telegramm: „Die
Reichenbacher Mitglieder des Schlesischen Protestantenvereins
senden Gruß den auf demselben Boden stehenden Glaubens-
brüdern. Winter."

Aus Göttingen: „Herzlicher Gruß und volle Zustimmung zu dem Zwecke der Versammlung. Gött. Protestantenverein. Brandes."

Aus Elberfeld: „Protestantenverein Elberfeld, vollständig übereinstimmend mit versammelten Gesinnungsgenossen
sendet herzlichen Gruß. Simons."

Aus Bremen: „Der Versammlung Gruß und volle
Sympathie. Nonweiler."

Aus Dresden: „Gott mit Euch im guten Kampfe für
die Freiheit und Einheit Aller, die Gott im Geist und in
der Wahrheit anbeten. Der Protestantenverein."

Aus Greifswald. „Den deutschen Brüdern Gruß und
Segenswunsch zum protestantischen Werke vom Protestantenverein Greifswald. Ecctus."

Aus Ortenberg. Unsere besten Wünsche der Versammlung aussprechend, bringen die Protestanten Ortenbergs
die herzlichsten Grüße. Roth, Hilß."

Ausgeführtere Zuschriften kommen aus Ohlau in
Schlesien. Es heißt darin; „Empfanget schriftlich unseren
treuen, herzinnigen Brudergruß und sehet denselben als schwa-
chen Ausdruck der innersten, wärmsten Theilnahme an, welche
wir, zwar fern an den Ostmarken unsers herrlichen deutschen
Vaterlandes, doch nicht minder lebhaft für die erhabene Aufgabe unsres Vereines und insbesondre für die beiden hoch-
wichtigen Gegenstände Eurer gegenwärtigen Berathung he-
gen. Der allmächtige Hort unsres heiligen, theuren, protestantischen Glaubens segne Eure Vereinigung, der wir im
Geiste wenigstens und unter heißen Wünschen nahe sein wollen, damit auch durch sie das evangelische Bewußtsein auf-
gefrischt und Kraft und Leben ausgeströmt werde in das deutsche,
protestantische Volk! Für den 242 Vereinsgenossen umfassenden Mitglieder-Kreis Ohlau: E. G. Flöter. J. Lampert.
Oesterreich Dubiel."

Ferner aus Wolfenbüttel, wo der Protestantenverein
gen förmlichen Beschluß einsendet „daß er mit dem Zwecke

ber nach Worms berufenen Protestantenversammlung nicht nur von ganzem Herzen einverstanden ist, sondern auch den dort abzugebenden Erklärungen und den zu fassenden Beschlüssen beitritt und zustimmt." Unterschrieben: Schütte, Gymnasialdirector. Vorsitzender. Köpp, Obergerichtsprocurator. Stellvertreter.

Endlich eine Zuschrift aus Freiburg i/B; eine Zustimmungserklärung von 321 protestantischen Bürgern enthaltend.

Jetzt besteigt der erste Referent des Tages, Kirchenrath Dr. Schenkel aus Heidelberg die Rednerbühne, um zu begründen „die Erklärung gegen das sog. „apostolische Sendschreiben des Papstes Pius IX. vom 13. Sept. 1868, welches die deutschen Protestanten zur Rückkehr in die römische Kirche auffordert und gegen die ultramontanen Angriffe und Anmaßungen." Wir geben die Hauptgedanken dieses durch seine Volksthümlichkeit und packende Beredsamkeit ausgezeichneten Vortrages *).

Als Luther am 18. April 1521 zu Worms vor Kaiser und Reich in jenem berühmten Worte eine Appellation an das Gewissen einlegte, da war dies eine weltgeschichtliche That. „Das Gewissen ist frei" — das war das große Grundprincip einer neuen Zeit. Aber die Gedanken sind wie die Menschen im Anfange ihres Daseins Kinder, und die Zeit, welche sie geboren hat, ist nicht im Stande den ganzen Umfang ihrer Bedeutung zu ermessen. Luther selbst wuchs der große Gedanke über den Kopf, man fing an den neuen Geist zu fürchten und das große Werk der Reformation wurde unterbrochen. Der Gedanke der Gewissensfreiheit ist mitten in seinem Siegeslaufe aufgehalten worden und kam nur zu halber Vollendung. Seitdem ist die deutsche Nation confessionell gespalten; es ist ein Unglück, aber noch größer wäre das Unglück geistiger Knechtschaft. Darum haben wir Protestanten uns heute versammelt, um uns in edlem Stolze des reformatorischen Gedankens bewußt zu werden und für seinen Besitz zu streiten: das Gewissen ist frei! Wir wollen keinen Kampf gegen unsere katholischen Mitchristen, wir wollen vielmehr mit ihnen den Frieden; wir streiten auch für sie, indem wir für das volle Recht des Gewissens eintreten; denn

---

*) Derselbe ist bereits bei Kreidel in Wiesbaden mit 2 andern Vorträgen unter dem Titel „Brennende Frage in der Kirche der Gegenwart" erschienen. Wir machen darauf aufmerksam.

der Gewissenszwang ist eine Blutvergiftung des öffent=
lichen Geistes.

Wäre die reformatorische Idee der Gewissensfreiheit schon
zur Wahrheit geworden, es bedürfte keines Kampfes. Aber
die Gespenster der Unduldsamkeit und des Fanatismus sind
wieder aufgestanden aus den Gräbern. Als Dr. Eck im
Jahr 1520 mit der Bannbulle gegen Luther nach Deutsch=
land kam, da wurde er ausgelacht, die Erfurter Studenten
zerrissen das päpstliche Machwerk und mit Schimpf und
Schande mußte der Lärmer die Flucht ergreifen. „Wir
rühmen uns des Fortschritts, wir lächeln über die mangel=
hafte Bildung des 16. Jahrhunderts; aber wir haben es
uns in diesen Tagen gefallen lassen, daß Rom nicht nur
gegen einen einzelnen Mann, sondern gegen die gesammte
Cultur, gegen das moderne Staatsleben, die freie Wissen=
schaft und den Grundsatz der Toleranz seinen Bannstrahl ge=
schleudert, ohne daß unser Blut in stürmische Wallung ge=
kommen wäre." Wir hatten uns in dem Wahne gewiegt,
die Freiheit habe für immer gesiegt, nur Kinder und Frauen
kümmerten sich noch um die Priester, Rom sei für immer be=
seitigt. Da erleben wir plötzlich das den Kundigen freilich
nicht überraschende Schauspiel, daß Rom, kecker, verwegener
als je, seine Ansprüche auf unbedingte Herrschaft über die
Gewissen, die Köpfe, die Herzen, die Staaten, die Schulen,
die Familien, Alles, was uns hoch und theuer, erneuert.

Der Augsburger Religionsfrieden vom Jahr 1555 be=
gründete die religiöse Gleichberechtigung der Confessionen in
Deutschland; aber schon im Beginne des nächsten Jahrhun=
derts führte der Versuch der römischen Partei, dieselbe zu
durchbrechen, die Gräuel des dreißigjährigen Krieges über
Deutschland. Nochmals sahen, von trümmerbedeckter, blutge=
düngter Wahlstatt, Protestanten und Katholiken im westphä=
lischen Friedensvertrag vom 24. Oktbr. 1648 sich genöthigt,
auf der Grundlage der Gleichberechtigung sich die Hand zu
freundlicher Vereinbarung zu bieten. Dieser Anerkennung des
Grundsatzes der religiösen Gleichberechtigung fügte die deutsche
Bundesacte endlich noch diejenige der politischen hinzu. Auf
dieser Grundlage ruht der religiöse Friede in Deutschland.

Rom hat jedoch die religiöse und politische Gleichberechti=
gung der beiden Confessionen niemals anerkannt. Es hat
sich nur den Umständen nach Zeit und Ort gefügt. Wo die
Staatsgewalt ihre Polizei und ihre Soldaten zur Verfügung
stellte, hat es immer mit deren Hülfe die Alleinherrschaft

durchzusetzen versucht. Daß es, wo es zur Unterdrückung der Protestanten die Mittel besaß, vor keiner Blutthat zurückschreckte, das lehren uns die Dragonaden in Frankreich, die Ketzerverbrennungen in Spanien, die Verbannungen und Hinrichtungen von Tausenden der Edelsten in den Niederlanden, die Bedrückungen in der Pfalz. Es hat seine Blutgesetze gegen die Ketzerei bis auf den heutigen Tag nicht förmlich aufgehoben. Die Nachtmahlsfluchbulle gegen die Ketzer wird in Rom nicht mehr verlesen, aber wie ein Jesuit sagt, nicht aus Toleranz, sondern nur aus Klugheit. Pius IX. hat soeben noch, im 24. Satze des Syllabus vom Jahre 1864, die Behauptung, daß die Kirche keine Gewalt gegen „Widersetzliche“ anwenden dürfe, als einen schweren Irrthum verdammt.

Wo aber Staatsgesetze den Protestantismus schützen, da schürt Rom den Fanatismus der ungebildeten Massen, da wird das Drachengift der religiösen Zwietracht gesäet. Was ist das Anderes als eine langsam, methodisch, mit grausamer Ueberlegung und listiger Berechnung, vollzogene Erkommunikation gegen die eine Hälfte des deutschen Volkes? Was Anderes als ein moralischer Bruch des Religionsfriedens? Was aber praktisch schon längst geübt wird, das ist nun feierlichst vom Stuhle Petri aus ausgesprochen in dem „apostolischen Sendschreiben des Papstes Pius IX. vom vorigen Jahre“. Denn dieses Sendschreiben fordert nichts Geringeres, als kurzweg baldthunlichst Abschwörung der protestantischen Irrthümer und Rückkehr nach Rom.

Wie kommt Rom zu dieser unerhörten Keckheit? Rom ist augenscheinlich von dem Wahn befangen, der deutsche Protestantismus sei gegenwärtig so heruntergekommen, so ganz in sich selbst zerfallen, daß er seiner „Auflösung“ mit Riesenschritten entgegen gehe. Es bildet sich mit dem Bischof Ketteler von Mainz ein, daß der Anfang des Endes der Reformation, die Verzweiflung an aller Wahrheitserkenntniß, die Herrschaft des nackten Materialismus bereits eingetreten sei, und daß die Protestanten, am Rande des Abgrundes angelangt, um nicht von demselben verschlungen zu werden, sich noch glücklich zu schätzen hätten, wenn Rom sie in seine rettenden Arme aufnehme. Rom rechnet auf die Zerrissenheit des Protestantismus nicht ganz mit Unrecht. Es kann kein Zweifel sein, daß dieses Sendschreiben namentlich Deutschland, den Hort des Protestantismus, im Auge hat; und zeigt der deutsche Protestantismus nicht in der That noch eine traurige Zerrissenheit in viele kleine Landeskirchen und in diesen wieder

die kläglichste Unfreiheit? „Wir suchen die freie protestan=
tische Gemeinde, die ihre Angelegenheiten selbstständig ver=
waltet, und nur in einigen kleinen Landeskirchen ist mit der
Selbstständigkeit und Freiheit ein Anfang gemacht. Nicht durch
ihre eigenen Organe, sondern durch die des Staates und der
Geistlichkeit, wird die deutsch=protestantische Kirche nach außen
und innen repräsentirt. Der geistliche Stand führt durch=
gängig die entscheidende Stimme. Wir fragen nach Religion,
und man antwortet uns mit Theologie. Wir suchen grüne
Weiden mit lebendigem Wasser, und wir begegnen dürren
Haiden mit löcherichten Brunnen. In diesem Augenblicke,
wo es sich um Sein oder Nichtsein des Protestantismus handelt,
ist die deutsch=protestantische Kirche mit abgeschmackten und
widerwärtigen theologischen Händeln erfüllt. Während die
römische Lockstimme ertönt, der Abfall täglich sich mehrt, die
Gebildeten dem herkömmlichen protestantischen Kirchenthum
unwillig den Rücken wenden, die Verwirrung immer größer
wird, — zanken und streiten sich unsere Bekenntnißmänner
über spitzfindige Dogmen, an denen Herz und Gewissen des
Volkes keinen Antheil nimmt, und klügeln Definitionen aus
„mit großer Kraft, mit frecher Stimme, kühner Brust“, von
denen sie, um mit Mephistopheles in Göthes Faust zu reden,
bis jetzt „so viel als von Herrn Schwerdtleins Tod gewußt“!
Von diesem officiellen Kirchenthum haben wir nichts zu hoffen,
wir haben uns selbst zu helfen.“

Und in der That! Mit Stolz dürfen wir, als ächte
Protestanten, den römischen Anmaßungen entgegentreten. Wir
sind stolz auf die Segnungen, welche der Protestantismus der
modernen Menschheit in religiöser, moralischer, politischer und
gesellschaftlicher Beziehung gebracht hat, nicht blos der prote=
stantischen, sondern ebenso wohl auch der katholischen. Er hat
den Aberglauben verscheucht, der Wissenschaft freie Bahn ge=
schaffen, den Druck der Hierarchie auch im Katholicismus ge=
mildert. Er hat an die Stelle der einseitigen Kirchen= und
Klostermoral die Moral des Familienvaters, des Bürgers, des
Patrioten gesetzt, er hat die moralische Auffassung der Welt=
geschichte gelehrt, er hat den sittlichen Werth der bürgerlichen
Arbeit zur Geltung gebracht. Er hat dem Staate seine Ehre,
seine sittliche Würde, seine Selbstständigkeit von der Kirche,
er hat ihm selbst den Begriff der religiösen Duldung ver=
schafft. Er hat die moderne Gesellschaftsordnung begründet,
er hat ganze Menschen, kräftige Persönlichkeiten geschaffen,
er hat die Liebe zur Freiheit und das Streben nach Bildung

geweckt. Wir halten fest und treu zum Protestantismus nicht nur um des vergossenen Märtyrerblutes so vieler Glaubens= genossen, um der von unsern Vätern beschworenen Friedens= verträge, um unseres guten Rechtes, um unserer Ehre und Selbstständigkeit willen. Wir halten fest und treu dazu noch vielmehr deshalb, weil unsere ganze Bildungs= und Entwick= lungsgeschichte, unser Staatsleben, unsere Cultur, unsere Schulen, unsere Wissenschaft, ja selbst unsere Sprache, die erst durch Luther eine Weltsprache geworden, mit ihm aufs unzertrennlichste verwachsen sind, weil die höchsten Güter des Menschen, Gewissensfreiheit, Völkerfreiheit, freie Presse, freie Arbeit, freie Scholle, freies Wort, sich ohne den Protestantis= mus gar nicht mehr denken lassen.

Aber ist denn der Romanismus wirklich ein so gefähr= licher Feind? Sehen wir vielleicht nicht Gespenster? Wer so frägt, der kennt nicht die Stärke der römischen Kirchen= gewalt; der weiß nicht, wie groß sein Einfluß ist namentlich auf die Gemüther der Frauen, aber nicht wenig auch auf diejenigen zahlloser schwachmüthiger Männer, der kennt nicht die Stärke einer großartigen Organisation, der überschätzt die Schulbildung und das daraus fließende selbstständige Urtheil unseres Volkes. Oder sind wir vielleicht unbillig gegen die ultramontanen Bestrebungen? Reden sie nicht auch von Frei= heit? Ja, sehr viel von Freiheit, aber nur immer von der Freiheit, d. h. der Alleinherrschaft der Kirche. Wie der Ro= manismus von Freiheit und Cultur denkt, dafür ist der beste Beweis die päpstliche Encyclica vom 8. Dezember 1864. Dieses unglaublich offenherzige Schriftstück verurtheilt die Glaubens= und Gewissensfreiheit als eine „Freiheit der Verdammniß", die Selbstständigkeit des Staates als „einen Frevel", die freie Presse als Lügen= und Satanswerk. Der Syllabus for= dert, daß uns Protestanten die politische Gleichberechtigung gekündigt werde. Er fordert den Religionsfriedensbruch. Die vom modernen Staat garantirte Cultusfreiheit führt nach dem „Syllabus" zur Sittenverderbniß und zur „Pest des Indiffe= rentismus". Die Forderung, daß der römische Stuhl „sich mit dem Fortschritt der liberalen Ideen und der modernen Civilisation versöhnen und vertragen soll," erregt die Ent= rüstung des Syllabus; er erklärt in seinem 80. Satze jeden Fortschritt für verdammlich.

Würden wir zu solchem Angriffe schweigen, so müßten die Steine reden, wir wären nicht mehr würdig, das Volk der Reformation zu heißen. Wenn wir aber protestiren, so pro=

testiren wir nicht gegen unsere katholischen Mitbürger. Wir
wollen nichts als gegenseitige Achtung und Anerkennung. Mit
ihnen zusammen wollen wir Deutsche, wollen wir Christen
sein. Mag auch das Dogma verschieden sind, im christlich
sittlichen Geiste sind wir Eins. Wir wollen sie darum
auch nicht einladen in unsere dogmatische protestantische Kirche;
aber es gibt noch eine höhere Kirche, in welcher wir uns
mit ihnen vereinigen wollen. Diese Kirche ist nicht die Kirche
der Leviten und Priester, die den ausgeraubten Verwundeten
hülflos am Wege liegen lassen. Sie ist die Kirche des barm=
herzigen Samariters, des demüthigen Zöllners, der Mühseligen
und Beladenen, derer, die nach Wahrheit und Gerechtigkeit
hungern und dürsten, des hülfsbedürftigen, schmerzenbeladenen,
in Arbeit, Geduld und Hoffnung ausdauernden christlichen
Volkes. Der alleinige Hohepriester dieser Kirche ist Jesus
Christus; ihre Priester sind alle ihre gläubigen Bekenner.
Ein jeder ist priesterlichen Geschlechts, der am Aufbau des
Reiches Gottes mit Hand anlegt und das Werk barmherziger
Liebe mit ausübt. In dieser unsichtbaren, aber doch allein
wahren Kirche wissen wir uns durch das Band der christlichen
Bruderliebe mit den Mitgliedern des katholischen Bekenntnisses
unauflöslich verbunden und keine Bannflüche werden dieses
Band zu zerreißen vermögen. Sie fallen auf die zurück,
aus deren ungeweihtem Munde sie ausgestoßen werden. —
Wir wollen mit ihnen aber auch Eins sein in vaterländischer
Gesinnung und gemeinsamer Bildung.

Der Kampf, der uns bevorsteht, in den wir ohne unsere
Schuld mitten hinein gestellt sind, ist nicht nur unser, der
Protestanten, Kampf. Es ist ein Kampf der Cultur
mit der aufs Neue Deutschland bedrohenden Barbarei.
In einem solchen Kampfe müssen Alle zusammen=
stehen, denen vor der allgemeinen Verfinsterung
graut. Im Namen der Cultur, ihr katholischen Mitchristen,
rufen wir eure Mitwirkung an.

Das System, gegen welches wir kämpfen, ist der Je=
suitismus. Der Jesuitismus hat die Holzstöße in Spa=
nien und Italien, die Schlachtfelder in Böhmen und den Nie=
derlanden, die Gräuel der Bartholomäusnacht, die Drago=
naden, den dreißigjährigen Krieg, das seit 300 Jahren zer=
rissene Deutschland auf seinem Gewissen. Das Endziel des
Jesuitismus ist die Vernichtung der Protestanten. Wir er=
klären hier öffentlich, daß wir die Niederlassung des Jesu=
tenordens in Deutschland mit dem religiösen Frieden und der

öffentlichen Wohlfahrt unseres Vaterlandes für unverträglich
halten.

Aber warum hat Rom gewagt, unsere Unterwerfung auf
Gnade und Ungnade zu begehren? Liegt nicht auch ein
Grund dafür in der eigenen protestantischen Kirche? Der
Grund liegt darin, daß die Reformation nicht zur vollen ener=
gischen Durchführung gekommen ist. Man kann diese Halb=
heit aus der Entwicklung der Dinge im Reformationszeitalter
begreifen. Aber, wenn nun, nach mehr als drei Jahrhun=
derten, das jetztlebende Theologengeschlecht, im Geiste unserer
Zeit erzogen, auf den Schultern ganzer Forschergenerationen,
die den Schutt des Irrthums und der Vorurtheile längst ab=
getragen und die Wurzeln der Wahrheit aufgedeckt, es unter=
nommen hat, die Dogmen, Gesangbücher, Agenden, Kirchen=
gebräuche des 16. und 17. Jahrhunderts wieder zu restau=
riren, als ob seit dieser Zeit in Theologie und Kirche nichts
geschafft, nichts gelernt, nichts entdeckt worden, und der Geist
der Wahrheit innerhalb des Protestantismus geschlafen hätte,
— dann regt sich in unserer Brust ein Gefühl, von dem
schwer zu sagen ist, ob es mehr ein Gefühl des Erstau=
nens oder der Entrüstung ist. In dieser, seit dem Jahr
der Wiederherstellung des Jesuitenordens, seit 1815, immer
kecker und herausfordernder auftretenden kirchlichen Reaktion
auf protestantischem Boden können wir nur eine Verleugnung
des protestantischen Geistes und einen Abfall zu römisch=katho=
lischen Grundsätzen erblicken. Diese ganze, kirchliche Reaktion
im Herzen des Protestantismus selbst ist eine Brücke nach
Rom.

Aber es gibt nicht blos protestantische Kirchenmänner und
Theologen, es gibt auch ein protestantisches Volk. Das
protestantische Volk selbst wankt in seinen protestantischen Ueber=
zeugungen nicht.

Möge denn dieses protestantische Volk seine Stimme laut
erheben. Möge die träge Gleichgültigkeit, welche noch so Viele
gefangen nimmt, endlich dem Bewußtsein weichen, daß Sieg
und Niederlage des Protestantismus zugleich Sieg und Nie=
derlage der Civilisation sind. Möge namentlich im Norden
endlich, wo ja doch die Stätte der Entscheidung zu suchen ist,
die schon sich regenden Frühlingstriebe zu einer glücklichen
Reife gelangen!

Unser Mahnruf ergeht jedoch an sämmtliche deutsche
Glaubensgenossen. „Jetzt ist nicht Schlafenszeit." Wir
hier in Südwestdeutschland haben doppelte Ursache zur Wach=

famkeit. Hier hat Rom sein Hauptquartier aufgeschlagen, hier gilt es unsererseits Bollwerke zu vertheidigen, die, einmal gefallen, nicht leicht wieder zurückerobert würden. Hier auf dem mit Blut und Thränen befeuchteten Boden der Pfalz, wo die Feinde der Geistesfreiheit fast zwei Jahrhunderte lang unsere Heiligthümer geschändet, unsere evangelische Freiheit zertreten haben, hier am Fuße des Denkmals, von dem unser Luther mit seinem Flammenauge warnend und mahnend auf seine lieben Deutschen schaut, hier geloben wir aufs Neue unerschütterliche Treue dem Geiste der Reformation. Aber nicht nur Treue in Worten, Treue in der That! Zur Sammlung, zur Einigung, du deutsches protestantisches Volk!

Diese Rede wurde mit der gespanntesten Aufmerksamkeit und sichtlicher Begeisterung von der Versammlung aufgenommen. Der Redner schloß, indem er folgende Sätze der Versammlung als protestantische Erklärung gegen die päpstliche Einladung vorlegte.

1) Wir, die heute in Worms versammelten Protestanten, fühlen uns in unserm Gewissen gedrungen, bei voller Anerkennung der Gewissensrechte unserer katholischen Mitchristen, mit Denen wir im Frieden leben wollen, aber auch im vollen Bewußtsein der religiösen, moralischen, politischen und socialen Segnungen der Reformation, deren wir uns erfreuen, gegen die in dem sog. „apostolischen Schreiben" vom 13. Sept. 1868 an uns gerichtete Zumuthung, in die Gemeinschaft der römisch-katholischen Kirche zurückzukehren, öffentlich und feierlich Verwahrung einzulegen.

2) Immer gern bereit, auf den Grundlagen des reinen Evangeliums mit unsern katholischen Mitchristen uns zu vereinigen, protestiren wir heute noch eben so entschieden, wie vor 350 Jahren Luther in Worms und unsere Väter in Speier, gegen jede hierarchische und priesterliche Bevormundung, gegen allen Geisteszwang und Gewissensdruck, insonderheit gegen die, in der päpstlichen Encyklika vom 8. Dez. 1864 und in dem damit verbundenen Syllabus ausgesprochenen staatsverderblichen und culturwidrigen Grundsätze.

3) Unsern katholischen Mitbürgern und Mitchristen reichen wir, hier am Fuße des Lutherdenkmals, auf den uns mit ihnen gemeinsamen Grundlagen des christlichen Geistes, der deutschen Gesinnung und der modernen Cultur, die Bruderhand. Wir erwarten dagegen von ihnen, daß sie zum Schutze unserer gegenwärtig bedrohten höchsten nationalen und geistigen Güter sich uns anschließen werden, im Kampfe gegen den uns mit ihnen gemeinsamen Feindes religiösen Friedens, der nationalen Einigung und der freien Culturentwicklung.

4) Als Hauptursache der religiösen Spaltung, die wir tief beklagen, erklären wir die hierarchischen Irrthümer, insbesondere den Geist und das Wirken des Jesuiten-Ordens, der den Protestantismus auf Leben und Tod bekämpft, jede geistige Freiheit unterdrückt, die moderne Cultur verfälscht und gegenwärtig die römisch-katholische Kirche beherrscht. Nur durch entschiedene Zurückweisung der seit dem Jahre 1815 erneuerten und fortwährend gesteigerten hierarchischen Anmaßungen, nur

durch Rückkehr zum reinen Evangelium und Anerkennung der Errun=
genschaften der Cultur kann die getrennte Christenheit den Frieden
wieder gewinnen und die Wohlfahrt dauernd sichern.

5) Endlich erklären wir alle, auf Begründung einer hierarchischen
Machtstellung der Geistlichkeit und ausschließliche Dogmenherrschaft ge=
richteten Bestrebungen in der protestantischen Kirche für eine Verläug=
nung des protestantischen Geistes und für Brücken nach Rom. Ueberzeugt,
daß die Lauheit und Gleichgültigkeit vieler Protestanten der kirchlichen
Reaktionspatei eine Hauptstütze gewährt und auch in dem mächtigsten
deutschen Staat ein Haupthinderniß nationaler und kirchlicher Erneue=
rung bildet, richten wir an unsere sämmtlichen Glaubensgenossen den
Mahnruf zur Wachsamkeit, zur Sammlung und zur kräftigen Abwehr
aller die Geistes= und Gewissensfreiheit gefährdenden Tendenzen.

Nachdem der Referent seinen Vortrag unter der gespann=
testen Aufmerksamkeit der Tausenden und unter sichtlichem
lebhaften Beifall, der sich nach der Vorschrift des Präsidenten
nur keiner lauten Aeußerung bedienen durfte, geendigt hatte,
kündigt der Präsident an, daß sich noch drei Redner über
dieselbe Frage zum Worte gemeldet hätten, Stadtpfarrer Dr.
Schellenberg von Mannheim, Professor von Holtzen=
dorff aus Berlin und Senior Dr. Haase aus Bielitz
(Oesterr. Schlesien). Dieselben erhalten nach einander das
Wort.

Stadtpfarrer Schellenberg aus Mannheim.

Indem ich nach der eben gehörten überwältigenden Rede
das Wort ergreife, möchte ich zunächst an die Thatsache er=
innern, daß unsere Erklärung wider Roms Einladung von
mancher Seite her nicht gerade freudig begrüßt wird. Ich
meine natürlich nicht die Einladenden selbst, die im Traume
einer demnächstigen Welteroberung sich wiegen; ich meine auch
nicht diejenigen Protestanten, welche nach einer Naturverwandt=
schaft mit Rom in der ewigen Stadt bereits Quartier bestellt
haben, Sprößlinge des fendalen Adels, welche nach Rom sich
flüchten, oder Präsidenten und Räthe von Consistorien, welche,
wie in Mecklenburg und Preußen, den freien Protestantismus
maßregeln, oder, wie in München, mit den Vertretern Roms
die zärtlichsten Händedrücke wechseln. Diese sind wider uns;
unser Protest trifft auch sie.

Ich meine diejenigen, welche auf liberaler Seite stehend,
den Protestantentag im Grunde als unnöthig ansehen, als ein
Tagen um und wider Dinge, welche in der Geschichte abge=
than seien. Denen möchte ich zurufen, die dem Protestantismus
und gegenwärtigen Culturleben entgegenstehende römische
Weltmacht nicht zu unterschätzen. Wahrlich auch wir glau=

2

ben an bie Macht bes Geiftes unb ben unaufhaltfamen Fort=
fchritt ber Menfchheit, unb wir begreifen, wie von biefem
hohen Glauben erfüllt jemanb meinen kann, bie Irrthümer,
welche ber Geift gerichtet, können fich nicht mehr erheben,
bas Licht, welches er aufftellt, könne wie ein heiliges Feuer
nicht mehr verbunkeln. Aber bennoch ift mehr als einmal
gefchehen, baß bie Säulen bes Lichts unb ber Freiheit, welche,
wie von Gottes Hanb unangreifbar aufgerichtet fchienen, wie=
ber hinftürzten unb bie glücklich vorfchreitenbe Menfchheit in
ihrem Gange gehemmt wurbe. Das Enbe bes vorigen Jahr=
hunberts fah in Deutfchlanb eine herrliche Zeit großer Ibeen
unb Schöpfungen, auf allen Gebieten bes Lebens einen Gei=
ftesauffchwung ohne Gleichen; ein Leffing zeigte, baß bas
Joch bes Buchftabens unerträglicher als bas Joch ber Trabition; ein
Schleiermacher verkünbete bie Religion in lebenbigem Ein=
klange mit ber Cultur, in ber römifchen Kirche beftieg mit Gan=
ganelli, mit Aufhebung bes Jefuitenorbens, bie Humanität ben
päpftlichen Stuhl. Aber was ift auf biefen wunberbaren
Geiftesauffchwung gefolgt? Der öffentliche Volksgeift in ben
Freiheitskriegen fo gewaltig, erlahmte, bie politifche unb kirch=
liche Reaction zertrat bie Blüthenträume ber Nation, ber
Jefuitenorben, klüglichft bie Zeit nutzenb, eroberte Provinz
um Provinz, unb fteht heute ber Freiheit bes Geiftes ge=
fchloffeu unb zum äußerften Kampfe entfchloffen gegenüber.
Dies nicht fehen, nnb ber päpftlichen Einlabung gegenüber
bie Dringlichkeit unb Pflicht energifchen öffentlichen Proteftes
zu verkennen wäre eine gutmüthige aber gefährliche Selbft=
täufchung, bie von Niemanb beffer benutzt würbe, als ben
Gegnern.

Aber bazu kommt noch ein anberer Grunb, welcher uns
ben Proteft zu einer heiligen Pflicht macht. Was verlangt
eigentlich ber Papft mit ber Einlabung zur Rück=
kehr? Nichts anbers als eine Verleugnung ber Reforma=
tion. Befiegeln follen wir bie Flüche, welche Rom über
Luther gefchleubert hat, befiegeln bie Ströme von Blut, in
welchen unfere Brüber hingemorbet, bie Feuerflammen, in
benen bie ebelften Zeugen evangelifcher Wahrheit erftickt wur=
ben. Welcher Proteftant erhebt fich nicht gegen fo unerhörte
Zumuthung?

Wir follen nach Rom zurückkehren? Ift benn Rom ein
anberes geworben, als ba Luther unb unfere Väter von ihm
ausgingen? Nimmermehr. Die Uebelftänbe, bie bamals be=
ftanben, finb nicht geringer fonbern ärger geworben. Die

Lehren und Mißbräuche und Ansprüche, gegen welche Luther im Namen des Evangeliums und der Vernunft sich erhob, unverändert, haben theilweise nur den Namen gewechselt, sind Angesichts der heutigen Bildung nur unerträglicher geworden. Und wir könnten zurückkehren?

Was haben denn unsere Väter mit dem Ausscheiden aus der römischen Kirche aufgegeben und was haben sie gewonnen?

Sie haben aufgegeben eine Kirche groß durch priesterliche Macht, und haben gewonnen eine Kirche auferbaut auf dem Grunde Christi in der Gemeinde. Sie haben aufgegeben eine Kirche mächtig durch Einheit in Lehre und Cultus, und haben gewonnen eine Kirche reich und groß durch die Mannigfaltigkeit und Freiheit des Geistes. Sie haben aufgegeben eine Kirche blendend durch den Prunk der Ceremonien, und gewannen eine Kirche, die einfach in ihrem Cultus, ihren schönsten Tempel in der Verklärung des Gesammtlebens des Einzelnen, der Familie wie des Staates durch den Geist Christi sucht! Und wir könnten nach Rom zurückkehren? Diesen hochherrlichen Gewinn unserer Väter könnten wir aufgeben und hinwerfen? Nie und nimmer. Vielmehr wird die evang. protestantische Kirche je länger je mehr zum Siege kommen. Als Ganganelli, Papst Clemens XIV im Jahre 1773 den Jesuittenorden aufhob, sprach er, wie öffentliche Blätter berichten zu dem Cardinalscollegium: „Ich finde nach langer reifer Ueberlegung aus allen diesen Wirren nur einen Ausweg, nur eine Rettung durch — die Emancipation, Freiheit aller christlichen Kirchen von der bisherigen Obervormundschaft Roms. Schon mehrmals ward der wichtige Augenblick, den Gott von Zeit zu Zeit sendet, übersehen; der göttliche Wink mißverstanden oder verachtet. Jetzt ergeht vom Himmel wieder die Mahnung an Rom, und ich wenigstens will sie nicht überhören und rathe und bitte: „Laßt die Völker frei." Löset die Völker vom Bann der angemaßten Herrschaft. Dies Gängeln wird doch einmal enden; Volk um Volk wird abfallen, die Sonne der Wahrheit wird ihnen aufgehen und die Dämme brechen, welche gegen Gottes Licht aufgeführt sind. Dann wird die christliche Kirche in jeder Nation sich frei emporrichten und die Geister mit sich zum Himmel tragen. Das wird und muß geschehen, wenn ihr die Kirche frei gebt."

Und wir, die wir frei geworden, sollten zurückkehren?

Wohlan erklären wir uns gegen solches laut und feierlich. Luther einst mißmuthig, daß so viele Deutsche sich wieder in das knechtische Joch Roms fangen ließen, sprach: „Wir Deutsche sind eben Deutsche, das heißt aller Welt Esel ,und Märtyrer, und wenn man uns gleich den Kopf in einem Mörser zerstieße, wie einen Grützen, wir würden doch ,nicht gescheidt."

Wohlan erklären wir alle, daß wir nicht gewillt sind, unsern Kopf in den Mörser Roms oder der Orthodoxie zu stecken.

Professor von Holtzendorf aus Berlin.

Hochgeehrte Versammlung.

Als einer der Abgeordneten des Berliner Unions= und Protestantenvereins überbringe ich Ihnen Gruß und Zustim= mung zu Ihrem Vorhaben. In der uns vorliegenden, zu Berathung stehenden Sätzen wird der größte norddeutsche Staat der Gleichgültigkeit und Theilnahmlosigkeit gegenüber den von der päpstlichen Kurie drohenden Angriffen beschuldigt. Zu meinem großen Bedauern fühle ich mich außer Stande, die= sen Vorwurf zu widerlegen. Aber zur Erklärung der bei uns herrschenden gleichgültigeren Stimmung bemerke ich, daß wir den heiligen Zorn gegen das Jesuitenthum, der selbst katholischen Bevölkerungen in Spanien und Böhmen neuerdings entflammt, verloren haben in der langen Gewöhnung an das protestantische Jesuitenwesen, das bei uns seit Jahren den Friedensschluß unter den protestantischen Confessionen angreift und fortwährend in heimlicher und versteckter Weise gegen die Union zu Feld zieht. Dazu der allgemeine Widerwille gegen ein kleinli= ches Thun in unserer Landeskirche. Man bedenke, um dies zu ver= stehen den Gegensatz: Ein ökumenisches Concil in Rom und Ge= sangbuchstreitigkeiten in Preußen — Streitigkeiten, die auszu= fechten zwar nothwendig; die veranlaßt zu haben aber wenig rüh= menswerth. Auch das ist zum Verständniß unserer norddeutschen Verhältnisse wohl zu würdigen: daß wir in einem zwanzigjähri= gen hartnäckigen Kampfe für die politischen Freiheiten und nationale Organisation das lebendige Bewußtsein dessen ein= büßten, daß alle menschliche Freiheit nur getragen sein kann von religiöser Freiheit. Bei Ihnen ist es Anders. Ihre le= bendigere Empfindung für die Würde des Protestantismus geht hervor aus der Thatsache, daß Sie in Süddeutschland auf Vorposten stehen gegenüber den nichts achtenden Anfeindungen des Papstthums, welches nach der ihm in Spanien und Oesterreich widerfahrenden Beeinträchtigung Süddeutschland zum Kampfplatz und süddeutsche Kammern zu römischen Provinzialconcilien umzuformen beginnt.

Dessen kann ich Sie versichern, daß Ihre Erklärungen in Preußen den lebendigsten Wiederhall finden werden. Denn Sie unterscheiden sehr wohl zwischen den ehrlichen Katholiken, die in friedlicher Landsgenossenschaft mit uns leben wollen und den katholischen Landesfeinden des Vaterlandes. Diese Gerechtigkeit gegen die guten Elemente des Katholicismus, an denen Deutschland reich ist, macht auch das Wesen des Preußischen Staates aus, der ein protestantischer nicht deswegen ist, weil zwei Drittel seiner Bevölkerung zum Protestantismus sich bekennen, sondern weil er durch Geschichte und nationalen Beruf die politische Verschmelzung der Confessionen in dem Grundsatze der Gleichberechtigung unternahm.

Zweierlei besagen die Ihnen vorgelegten Thesen. Ewiger Landfriede mit denjenigen Katholiken, die zur deutschen Nation stehen, Erneuerung des Werkes, das vor bald vierhundert Jahren den mittelalterlichen Feudalismus im ewigen Landfrieden dieser Stadt begrub. Aber auch die entschlossene Bereitschaft, jede Kriegserklärung der päpstlichen Kurie gegen den Protestantismus anzunehmen. Die Ihnen vorliegenden Thesen sind der mildeste Ausdruck dessen, was wir sagen müssen. In gerechtem Stolze auf unsere protestantische Vergangenheit dürften wir noch weiter gehn, und die Einladung des Papstes zum Concilium unsererseits erwiedern, indem wir ihm zurufen: Wir laden Dich ein, in dieser Stadt zu erscheinen an den Stufen des Lutherdenkmals! Dich zu bekehren von den Irrthümern des Syllabus, den Bannfluch zu schleudern gegen diejenigen unter deinen Vorgängern auf dem Stuhle Petri, welche Mitschuldige waren an dem Blutvergießen in deutschen Religionskriegen, an der Verwüstung dieser herrlichen Pfalz. Wir verlangen von dir, daß du anerkennst, wie der Mann, dem das Wormser Standbild gesetzt ist, an Frömmigkeit und Wahrheitsliebe alle übertrifft, die auf dem Stuhl Petri gesessen. Und der Fels Petri, auf welchem die Kirche sich deinen Worten nach gründet, ruht in seiner Hand: die Bibel! Die Bibel, welche keine theologische Wissenschaft zwingend für uns auslegen kann, sondern einzig und allein unser protestantisches Gewissen und die freie Forschung für uns erklärt!

Senior Dr. Haase aus Bielitz.

Geehrte Versammlung! Ich komme aus Bielitz in Oe=
sterreichisch Schlesien. Gestatten Sie mir, daß ich Ihnen in
kurzen Worten die Grüße der dortigen evangelischen Stadt=
gemeinde ausrichte, einer Gemeinde, welche die neueren Bewe=
gungen auf dem Gebiete des deutschen Protestantismus fort=
während mit der größten, innigsten Theilnahme verfolgt. Es
läßt sich nicht anders denken, als daß eine solche Gemeinde
den seiner Zeit von Ihrem Ausschusse gefaßten Beschluß, auf
den heutigen Tag eine größere Versammlung von Vertretern
des deutschen Protestantismus einzuberufen, um dem römischen
Papste auf seine am 13. Sept. 1868 an uns ergangene an=
maßende Einladung, in den Schooß der römischen Kirche zu=
rückzukehren eine kernige Antwort zu ertheilen mit großem
Jubel begrüßen mußte. Im Namen dieser Gemeinde, in
deren Auftrag ich vor Ihnen erscheine, erlaube ich mir, Ihnen
die aufrichtigsten und herzlichsten Glückwünsche zu Ihrem
heutigen Tagewerke darzubringen.

Allein es liegt auch in der Natur der Sache, daß nicht
nur die Protestanten in Bielitz, sondern daß auch die Prote=
stanten Oesterreichs überhaupt an der dem röm. Stuhle heute
zu gebenden Antwort das lebhafteste Interesse nehmen. Ich
würde Ihnen nur Bekanntes sagen und was heute bereits
mehrfach und mit Recht hervorgehoben wurde, nochmals wie=
derholen, wenn ich Ihnen erzählen wollte von den schweren
Leiden, von den herben Kämpfen, von den blutigen Verfol=
gungen, welche den Protestanten Oesterreichs seit jenem unse=
ligen Restitutions=Edikt Kaiser Ferdinand II. vom Jahre
1629 beschieden waren. Darum sage ich nichts von jenen
finsteren Kerkern, in welchen unsere Vorfahren schmachteten,
nichts von den Folterbänken, auf welchen ihre Glieder gebrochen
wurden, nichts von den Scheiterhaufen, auf welchen ihre Leiber dem
Flammentode verfielen. Aber wenn ich mir den Boden mei=
nes Vaterlandes betrachte, fast überall hat er einmal eine
heilige Weihe erhalten durch das dampfende Blut unserer
Väter. Folterqualen und Martertod, das waren ja die Ue=
berzeugungsgründe, durch welche Rom, die Inquisition, der
Jesuitismus die Protestanten, wo diesen nicht eine bedeuten=
dere weltliche Macht zur Verfügung stand, zum römischen
Katholicismus wieder zu bekehren versuchte. Haben das die
Protestanten in Oesterreich erfahren müssen, den Protestanten
in Deutschland, den Niederlanden, Spanien, Polen ist es

nicht besser ergangen. Lebendig steht dies ganze Schreckens=
bild der Leidensgeschichte unserer Kirche vor unserer Seele.
— Sollte man das in Rom nicht wissen? Sollte man in
Rom glauben, daß uns unsere ganze mit Blut und Eisen
geschriebene Geschichte in Vergessenheit gerathen ist? Und wenn
uns Rom wirklich ein besseres historisches Gedächtniß zutraut,
wie kommt es dazu, uns höflichst einzuladen, freiwillig dort=
hin zurückzukehren, wohin wir durch die Mittel der blutigsten
Gewalt nicht zu zwingen waren? Ist es Rom wirklich Ernst
mit seiner höflichen Einladung, oder glaubt es, sich einen
Scherz mit uns erlauben zu dürfen? Hält man uns für
Unmündige, hält man uns für Kinder? — Aber wir wollen
annehmen, daß es Rom Ernst sei mit seiner Einladung und
daß man dort wirklich von dem Wahne befangen sei, dieselbe
würde nicht ohne Erfolg bleiben. Nun, geehrte Versamm=
lung, dann gibt es keine größere Nichtachtung des protestan=
tischen Geistes, der prot. Grundsätze, der prot. Wissenschaft,
des protestantischen Culturlebens, der ganzen 350jährigen
Entwickelungsgeschichte des Protestantismus als diese anma=
ßende Aufforderung des römischen Papstes. Wir sollen rö=
misch werden! Wir sollen uns freiwillig beugen unter das=
selbe knechtische Joch, welchem unsere Väter vor 350 Jahren
glücklich entronnen sind!! — Geehrte Versammlung! Was
würden die treuen Bürger Nordamerika's sagen, wenn ihnen
das englische Königthum im Ernst die Zumuthung machte,
wieder unter die Botmäßigkeit Ihrer großbrittanischen Maje=
stät zurückzukehren? Würden sie diese Zumuthung schweigend
hinnehmen oder würden sie der englischen Regierung nicht
vielmehr den schlagendsten Beweis liefern, wie sehr es ihnen
Ernst sei um ihre Freiheit? Und befinden wir uns nicht in
einer ähnlichen Lage? Haben wir nicht die nämliche Ver=
pflichtung? Müssen wir der römischen Anmaßung gegenüber
nicht hintreten und sagen: Auch uns ist es Ernst mit unserer
Freiheit, mit unserem protestantischen Bewußtsein, mit unserem
prot. Culturleben, mit unserem protestantischen Geistesleben!
Das aber ist ja der wesentliche Inhalt der uns heute vor=
geführten Thesen. Es ist nicht nothwendig, daß wir bis in
untergeordnete Einzelheiten hinein ihre Fassung billigen. Man
kann ganz gut wünschen, daß in dem einen oder dem andern
Satze etwas mehr oder etwas weniger gesagt, oder auch, daß
die ganze Erklärung in einem noch etwas kräftigeren Style
abgefaßt wäre. Hat Jemand aber ein protestantisches Herz
im Leibe, so kann er nicht nur, so muß er mit dem Geiste,

der sie durchweht und mit ihrem wesentlichen Inhalt
einverstanden sein. — Darum, hochgeehrte Versammlung,
möchte ich Sie bitten, der uns vorgeschlagenen Erklärung
Ihre Zustimmung zu geben. Thuen wir es Alle. Und un=
sere Zustimmung wird ein neues Gelöbniß der Treue sein,
mit welcher wir bis zum letzten Athemzuge für die heilige
Sache des Protestantismus einstehen, mit welcher wir wenn
es sein müßte auch den letzten Tropfen unseres Herzbluts
für dies unser Heiligthum verspritzen wollen. Protestantische
Geistesgenossen! Sorgen wir dafür, daß der Protestantismus
auch durch uns wachse, mächtig werde, immer herrlicher sich
entfalte trotz der Anmaßungen und Uebergriffe unserer Geg=
ner, trotz Papst und Jesuiten=Orden. Sie erinnern sich aus
der Geschichte des päpstlichen Kämmerers Karl von Miltitz,
welcher, von seiner Mission an den Kurfürsten von Sachsen
und Luther aus Deutschland nach Rom zurückgekehrt, geäußert
haben soll: „Und wenn man mir 25000 Landsknechte zur
Verfügung stellte, so wollte ich es doch nicht unternehmen,
den Luther nach Rom zu bringen." Sorgen wir dafür, daß,
wenn die heutigen Sendboten der römischen Hierarchie auf=
gefordert werden, sich über die heutige Stellung des Prote=
stantismus zu äußern, sie in ähnlicher Weise sagen müssen:
„Und wenn man uns nicht Einen, nein — 25,000 Jesuiten=
Orden zur Verfügung stellte, so wird es uns doch nicht ge=
lingen den Protestantismus nach Rom zu führen."
    Walte's Gott!

Zweiter Gegenstand.

Es folgte nun der zweite Gegenstand des Tages „das
evangelisch=protestantische Gemeindeprincip und die daraus
folgenden Grundsätze der protestantischen Kirchenverfassung."
Referent für dieses Thema war Hofgerichtsadvokat Ohly
von Darmstadt, der verdienstvolle Mann, welcher, an der
Spitze der kirchlichen Bewegung im Großh. Hessen, mit Ener=
gie und Selbsthingebung für das eine Ziel arbeitet: eine freie,
auf dem Geiste der protestantischen Gemeinde ruhende, evangeli=
sche Kirche. Es war offenbar der rechte Mann für diese Frage,
welchem dieselbe nicht blos eine theoretische Frage, sondern auch
eine wirkliche praktische Herzensangelegenheit war. Sein Vortrag
floß daher auch aus einer lebendigen Begeisterung, aus einem tie=
fen Ernste und aus einem von der Liebe zur Sache eingegebenen
eingehenden Studium der kirchlichen Verfassungsfrage. Leider

war der Redner genöthigt, der schon sehr vorgerückten Zeit
wegen, den Vortrag mehr abzukürzen, als es eigentlich im
Interesse dieses namentlich für Hessen so wichtigen Gegen=
standes wünschenswerth war. Umsomehr machen wir auf
den nun gedruckt vorliegenden Vortrag, den wir hier im mög=
lichst vollständigen Auszuge mittheilen, aufmerksam.*)

Thesen.

**Das evangelisch=protestantische Gemeindeprincip und
die daraus folgenden Grundsätze der protestantischen
Kirchenverfassung.**

1) Die evangelisch=protestantische Kirchenverfassung ruht auf dem
Grundsatz der Selbstständigkeit der Gemeinde, welche auf allen Stufen
der Kirchenleitung vertreten sein soll.

2) Diesem Grundsatz gemäß ist die Stellung des protestantischen
Landesherrn innerhalb der evangelischen Kirche, sowie die Kirchenleitung
überhaupt, auf verfassungsmäßigem Wege zu regeln.

3) Die evangelisch=protestantischen Gemeinden sind vertreten
 durch Ortskirchen=Gemeindeversammlungen,
 durch Kreis= (Provinzial) Synoden,
 durch eine Landessynode.

4) In den Synoden gebührt den weltlichen Mitgliedern eine min=
destens gleiche Vertretung, wie dem geistlichen Stande.

Die weltlichen Mitglieder der Synoden sind durch freie Wahl der
Gemeinden zu ernennen.

Die Diöcesansynoden wählen ihre Decane frei aus ihrer Mitte.

5) Das active und passive Wahlrecht steht sämmtlichen selbstständi=
gen bürgerlich und kirchlich unbescholtenen Gemeindegliedern zu. Das
Wahlrecht ist nicht durch den Nachweis besonderer kirchlicher Eigen=
schaften bedingt.

6) Der Gemeinde steht bei Besetzung der Pfarreien die entschei=
dende Stimme zu.

7) Das Recht der kirchlichen Gesetzgebung steht der Landessynode
in Verbindung mit dem Kirchenregiment zu.

8) Die Landesgemeinde ist im Kirchenregiment durch einen von
der Landessynode gewählten Ausschuß vertreten.

Das Kirchenregiment ist der Landessynode verantwortlich.

Auf Grund dieser Thesen hält nun der Referent folgen=
den Vortrag.

Der Redner freut sich der ansehnlichen Versammlung, die
ihm beweist, daß „die größte That des deutschen Geistes, die
Reformation nicht nur in ehernen Statuen verkörpert ist,
sondern in voller Frische und Kraft fortlebt und wirksam ist
in dem Herzen der Nation." Ueber das beengende Gefühl,

---

*) Das evangelisch=protestantische Gemeindeprincip und die daraus
folgenden Grundsätze der protestantischen Kirchenverfassung Acht Thesen
aufgestellt und begründet in der Protestantenversammlung zu Worms
am 31. Mai 1869, von Albrecht Ohly. Darmstadt Joh. Phil. Diehl's
Sortiment 1869.

der großen Aufgabe, die heute sich ihm stelle, nicht gewachsen
zu sein, erhebt er sich durch „das Bewußtsein, daß es nicht
nur ein ächt protestantisches Recht, sondern auch eine Pflicht
des Laienstandes ist, in der Kirche ein Wort der Ueberzeu=
gung mitzureden und einen kräftigen Organismus schaffen
zu helfen, durch welchen das von hierarchischen und bureau=
kratischen Fesseln befreite evangelische Christenthum eine
durchgreifende Wirksamkeit erlange zum Heil der christlichen
Kirche und zum noch größeren Heil für unsere deutsche Na=
tion." Gehörte es doch zum sehnlichsten Trachten Luthers,
„daß Gott durch den Laienstand seiner Kirche helfen wolle."
Aber er will nicht als Theologe oder Jurist sprechen, sondern
„als einfacher evangelischer Christ zu evangelischen Christen."
Das gesammte Comité der Versammlung habe einstimmig
die Ueberzeugung ausgesprochen, „daß der ganze Organismus
und die Leitung der äußeren und inneren Angelegenheiten
der protestantischen Kirche in Deutschland einer durchgreifen=
den Umgestaltung bedürfe und daß die Erreichung des hohen
Ziels einer Achtung gebietenden Einheit und kräftigen Wirk=
samkeit der protestantischen Kirche die Feststellung allgemeiner
Grundprincipien erfordere, deren Durchführung in den Kirchen=
Verfassungen der einzelnen deutschen Staaten zu erstreben sei.
In einem großen Theile vor Deutschland ist die Kirche nur
ein Bestandtheil der Staatsmaschine, deren Räder, oft von
Katholiken, oder heimlichen Katholiken geleitet, ohne Rücksicht
auf das wahre Wohl der evang. Kirche nur nach staatlichem
Interesse sich drehen. „Ist doch die Niederhaltung der sitt=
lichen Kraft, der männlichen Ueberzeugungstreue und Frei=
heitsliebe des Volks ein Hauptmittel, durch welches manche
an der Regierung der Staaten mitarbeitende Herrn ihren
Einfluß und ihre Herrschaft zu erhalten suchen." In an=
deren deutschen Ländern hat man zwar Verfassungen gegeben,
die aber den protestantischen Grundprinzipien sehr wenig ent=
sprechen. „Man hat durch solche von Aengstlichkeit und
Schwächlichkeit durchwehte Stückwerke den unheilvollen Zwie=
spalt nur noch mehr verkörpert und befestigt, welcher zwischen
der Kirche im Sinne einer um Jahrhunderte zurückgebliebenen,
an menschlichen Bekenntnissen längst vergangener Zeiten kle=
benden Theologie und zwischen dem auf die Ergebnisse der
Forschung und Wissenschaft gegründeten Culturbewußtsein
unserer Zeit besteht und die Hauptursache der Thatsache ist,
daß ein sehr großer Theil der Gebildeten der Kirche den
Rücken gedreht und entweder dem Indifferentismus, oder gar

einem die Grundfesten eines sittlichen Gemeindelebens erschüt=
ternden Materialismus in die Hände gefallen ist." So bietet
die protestantische Kirche in Deutschland das Bild der Zer=
rissenheit, eines Gebäudes, in welchem einzelne Unberechtigte
eine drückende Herrschaft führen und das den Bewohnern
keinen „Raum, kein Licht und keine genügende Wärme bietet."
Dieser Zustand bringt die große Gefahr der Unkräftigkeit
und Wehrlosigkeit den schlimmsten Feinden gegenüber mit sich,
eine Gefahr, die bald ein Ende nehmen muß. Wer soll
ihm aber ein Ende machen und bessere Zustände herbeiführen?
Wollen wir vertrauensselig abwarten, bis hierarchische und
bureaukratische Kirchenregierungen, welche seit Jahrzehnten
die protestantische Bevölkerung mit leeren Versprechungen und
Phrasen abgespeist, dabei aber fortwährend jedes Streben
nach einer den protestantischen Grundsätzen entsprechenden
Verfassungsänderung unterdrückt und abgetödtet haben, uns
einen „Gnadenbrocken vorwerfen?" Nein, hochgeehrte Ver=
sammlung, wenn uns durchgreifend geholfen werden soll, so
müssen wir uns selbst helfen!

Redner entwickelt nun zu These I den Begriff des Ge=
meindeprincips, wie es aus dem Christenthum nothwendig
hervorgeht. Es leuchtet von selbst ein, daß der Stifter einer
auf dem Princip der vollen Gleichberechtigung aller Menschen
vor Gott beruhenden Religion, eines Gottesreiches, in welchem
jedem Mitglied nach den Worten des Apostels „ein königlich
Priesterthum" zustehen soll, die Leitung der äußeren und
inneren Angelegenheiten der die Bekenner seiner Religion
umfassenden Gemeinschaft nicht als ein selbständiges Recht
einzelner Mitglieder, oder eines einzelnen Standes derselben
betrachten konnte, sondern der Gemeinschaft selbst die Ver=
waltung ihrer Angelegenheiten und namentlich die Ernennung
derjenigen, welche für besondere Functionen nöthig waren,
überlassen mußte. Es geht unzweifelhaft aus dem N. T.
hervor, daß die Apostel der Gemeinde das Selbstverwaltungs=
recht und eine entscheidende Stimme in Fragen der Lehre und
des Cultus zuschrieben, daß in der apostolischen Gemeinde sämmt=
liche Gemeindebeamten gewählt wurden. Dieser Zu=
stand hat sich nicht erhalten, der Klerus hat sich über die
Gemeinde erhoben und der römische Bischof sich zum Nach=
folger Petri und Statthalter Gottes auf Erden gemacht.
„Mit welchen Mitteln man dieses System zur Herrschaft
gebracht, welche Früchte es getragen, bis zu welchem Maas
von geistigem Despotismus, Egoismus, Geldgier, Liederlich=

keit und Verdorbenheit namentlich der von Rom beherrschte und geschützte Klerus nach und nach herabgesunken war, welche Musterkarte von Nichtswürdigkeiten, Verbrechen und Schandthaten jeglicher Art seine Geschichte aufweist und wie unter der Herrschaft eines geistlichen Regiments, welches für jedes Verbrechen um Geld Sündenvergebung gewähren zu können. vorgab und mit der Sündenvergebung Hausirhandel treiben ließ, der sittliche Zustand des Volks bis auf die unterste Stufe heruntersinken mußte und heruntersank, ist genugsam bekannt." Die Reformation ist wieder auf das Gemeindeprincip zurückgegangen. „Das christliche Gemeindeprincip, das allgemeine Priesterthum aller Christen, war der Cardinalgrundsatz, welchen die Reformatoren und namentlich Luther der römischen Hierarchie entgegenstellten und in der evangelischen Kirche in ursprünglicher evangelischer Reinheit wieder hergestellt wissen wollten. „Es gibt keinen von Gott eingesetzten gnadevermittelnden und mit sündenvergebender Macht ausgestatteten Priesterstand, vielmehr ist jeder Christ selbst ein Priester und sein eigner, nur seinem Gewissen verantwortlicher Vertreter vor Gott; — es gibt keine höhere von der Gemeinde unabhängige Gewalt zur Regierung der christlichen Gemeinde, vielmehr hat in Folge des allgemeinen Priesterthums die Gemeinde sowohl in ihren materiellen Angelegenheiten, als auch in Sachen des Glaubens, der Lehre und des Kultus das Recht freier Selbstverwaltung und Selbstbestimmung, welches sie nur nach Maaßgabe der heiligen Schrift und ihres Gewissens ausübt; — die Predigt des göttlichen Worts und die Verwaltung der Sacramente soll zwar von einem geistlichen Amt versehen werden, allein dieses Amt ist kein von Gott inspirirtes herrschendes, sondern ein von der Gemeinde abgeleitetes und derselben dienendes;" — das sind im Wesentlichen die Principien des allgemeinen Priesterthums, auf welches die Reformation die von hierarchischen Verunstaltungen gereinigte Kirche zurückführte. Unter allen reformatorischen Männern hatte keiner das Gemeindeprincip so richtig erfaßt und so folgerichtig durchzuführen gesucht, als Philipp der Großmüthige. Redner erinnert an die von Philipp berufene Homberger Synode und ihre Beschlüsse, welch letztere der Gemeinde die volle Freiheit zurückgeben und sogar den Gedanken einer Nationalsynode aufgestellt haben. „Wir ermahnen", so heißt es in jener Kirchenreformationsordnung. und beschwören dagegen um Gotteswillen alle, die auf künftigen Synoden zusammentreten, mit vielen und mannigfaltigen Anordnungen die Gemeinden nicht zu belasten, eingedenk, daß um so größere Unordnung im Ganzen immer da Statt findet, wo zu viel verordnet wird. Mögen sie an Gottes Schrift allein und an unseren kurzen Anordnungen über die gottesdienstlichen Gebräuchen sich genügen lassen, mögen sie bewirken, daß dies einmütig gehalten werde und verhüten, daß die Gemeinden, welche Christus durch sein Blut frei gemacht hat, wieder in die Knechtschaft und so verderb= liche Schlingen der Menschensatzungen fallen und die letzte Verirrung schlimmer sei, als die frühere!" Es ist freilich anders gekommen. „Unsere großen Ahnen, welche in solchen Worten die evangelische Freiheit und Einfachheit verkündeten und die Nachwelt vor dem Rückfall in die Fesseln der Men= schensatzungen warnten, müssen schmerz= und zornerfüllt auf die entarteten Enkel und auf den trostlosen Zustand der pro= testantischen Kirche unserer Tage herabschauen. Stehen wir doch nun an der Erkenntniß, daß die letzte Verirrung schlim= mer ist als die frühere. Wo ist die freie Gemeindekirche, das hohe Ziel unserer Reformation, dem unsere Ahnen Gut und Blut zum Opfer brachten? Sie liegt meist abermals in der babylonischen Gefangenschaft, in den Fesseln der Staatsgewalten und sogenannten Cultusministerien, welche sie mit einer erstickenden Masse bureaukratischer Verordnungen, Ausschreiben und Regulative umgarnen und zu oft sehr ver= werflichen Staatszwecken mißbrauchen! Wo ist die von der Reformation aus der Asche der Scheiterhaufen herausgezogene evangelische Freiheit und freie Forschung in „Gottes Schrift", um welche 30 Jahre lang die Fluren unseres Vaterlandes mit Blut getränkt worden sind? Sie ist überantwortet an orthodoxe Consistorien, hierarchische Generalsuperintendenten 2c. und an eine vom Protestantismus abgefallene Theologen= partei, welche an die Stelle der Gewissensfreiheit einen ty= rannischen Bekenntnißzwang, ein Binden der Gewissen mit „den so verderblichen Schlingen der Menschensatzungen" vergan= gener Jahrhunderte setzen will und die sich schon aus der bischöflichen Residenz Mainz das entehrende Compliment machen lassen muß, sie sei nicht weit von der „ewigen Stadt" ent= fernt, von wo der Ruf zur Rückkehr in die „Schafhürde" der alleinseligmachenden Kirche erst vor Kurzem wieder er= gangen ist." Wie es gekommen, will Redner nicht weiter ausführen, weil es aus der Geschichte sattsam bekannt ist. Aber es müsse anders kommen, in der Verfassung und im gesammten Volksleben. Denn ein Abnehmen wahrer christ=

licher Religiosität ist in allen Ständen bemerkbar: die höhern
Kreise der Gesellschaft sind der Sitz der Frivolität, der Un-
sittlichkeit und des Lasters; die Staatskunst ist ein Gewebe
von Treulosigkeit, Ueberlistung und Verrath; im socialen
Leben ist ein Kampf entbrannt in der gewinnsüchtigen, nei-
dischen Concurrenz und unseligem Zwiespalt zwischen Kapital
und Arbeitskraft — Beweis genug, wie weit wir „von allgemeiner Menschenliebe und uneigennütziger Rücksichtsnahme
auf die Gleichberechtigung der Mitmenschen“ entfernt sind.
Sogar in die bürgerlichen Kreise ist die Ansteckung eingedrungen
und an die Stelle christlicher Sittlichkeit ist vielfach die
„Emanzipation des Fleisches und die Herrschaft einer unge-
zähmten sinnlichen oder selbstsüchtigen Natur getreten.“ Ab-
hilfe muß geschehen, nicht etwa durch „Bekenntniß-
kirche, sondern nur durch die Rückkehr zu einem von
jeglichem Druck befreiten, Mark und Bein durchdrin-
genden und den Menschen mit sittlicher Thatkraft er-
füllenden Christenthum, die Verwirklichung des allgemeinen Priesterthums.“ Für diese hohe Aufgabe müssen alle eintreten, auch die Frauen und Jungfrauen,
als Priesterinnen am Altar des Hauses, sie müssen der Kirche,
dem Vaterlande die Männer erziehen, deren beide so sehr
bedürfen.

These II. Wenn es sich um die Selbstständigkeit der
Gemeinde handelt, kommt zuerst der landesherrliche Epis-
kopat in Betracht. „Nur vom protestantischen Landesherrn
kann hier die Rede sein, weil einem katholischen Fürsten keine
Gewalt über die protestantische Kirche gebührt.“ Es ist nicht
zweifelhaft, daß dem Landesherrn über die protestantische
Kirche seines Gebiets kein weiteres Recht zustehen kann, als
das allgemeine Hoheitsrecht, welches er nach den Grundsätzen
des Staatsrechts über alle im Staat bestehenden Gemein-
schaften im Interesse des Staats ausübt.“ Die Reformation dachte anfangs nicht daran, der fürstlichen oder staatli-
chen Gewalt die Kirche zu überliefern; aber sie schuf auch
keine Organe der sich selbst regierenden Gemeinde; ja, wie
1848 schuf man „christliche“ Grundrechte, hatte aber keine
Gemeinde für sie. Was anfänglich sog. Nothstand gewesen,
ist seit 1555 ein Recht des Fürsten geworden. Redner geht
von der Ansicht aus, „daß die protestantischen Landesherrn ein
Recht auf eine oberste bischöfliche Gewalt in der protestantischen Kirche nie erworben haben und als im Widerspruch mit
den Grundprincipien unserer Kirche stehend, ohne eine förm-

liche Uebertragung von Seiten der Gemeinden gar nicht er= werben konnten." Wenn wir vorerst diese Episkopalmacht nicht entfernen können, müssen wir sie wenigstens constitutio= nell auf ein Maaß beschränken, welches einen Gewissenszwang unmöglich macht und namentlich in allen inneren Fragen, welche das Gewissen und die religiöse Ueberzeugung berühren, dem Gemeindeprincip seine volle entscheidende Berechtigung wahrt."

These III. Die kirchliche Gemeinde stellt sich zunächst als Einzelgemeinde dar, die durch eine Ortskirchengemeinde= versammlung vertreten wird. Es ist zwischen der allgemei= nen und der engern Gemeindevertretung zu unterscheiden. Jene umfaßt alle selbständigen, verfassungsmäßig nicht aus= geschlossenen Männer der Gemeinde; diese, nicht das Pres= byterium, besteht entweder aus den umlagepflichtigen oder aus freigewählten Mitgliedern der Gemeinde. Die Kirchenge= meindeversammlung wählt den Kirchengemeinderath und die Pfarrer, welche zusammen die materiellen und religiösen An= gelegenheiten der Gemeinde verwalten; die Aeltesten contro= liren den Pfarrer und den Religionsunterricht in den Schu= len. — Die Diöcesan= oder Kreis= und Provinzialgemeinde ist durch die Kreissynode vertreten, welche die Bedürfnisse und Zustände der Kreisgemeinde überwacht, die bei der Landes= synode einzubringenden Gesetze begutachtet, eine Recursinstanz bildet u. s. w. Sie wählt als verwaltende und ausführende Behörde einen Kreiskirchenrath und den Dekan. Die Landesgemeinde findet in der Landessynode, der kirchlichen Ständeversammlung ihre Vertretung.

These. IV. In Bezug auf die Bestandtheile und die Zusammensetzung der verschiedenen Synoden wäre das Natürliche, keinen Unterschied zwischen Geistlichen und Laien zu machen. Da aber jene durch Lebensberuf der Ge= meinde dienen und bei richtiger Verfassung Vertrauensmänner der Gemeinde sind, so gebührt ihnen eine Stellung in der Synode. Jedoch soll das geistliche Element keineswegs über= wiegen; die Laien haben mindestens die gleiche Vertretung zu fordern. Die weltlichen Mitglieder sollen aus freier Wahl sämmtlicher Stimmberechtigter hervorgehen, nicht aus Presbyterien, welche nur die Einzelgemeinde zu verwalten haben. Auch die Cooptation ist unbedingt auszuschließen. — Unser Volk ist für die kirchliche Selbstverwaltung durch= aus reif noch reifer vielleicht, als für die politische Thätig=

keit. Die Dekane müssen von den Kreissynoden hervor=
gehen und von der obersten Behörde bestätigt werden.

These V. Kirchliche Qualitäten dürfen nie die Beding=
ung des activen und passiven Wahlrechts werden, weil „das
Wesen des Christenthums nicht in äußerlichen Formalitäten
und „Gebärden", sondern in der Veredlung des inneren Men=
schen und in einem den christlichen Principien entsprechenden
Leben und Wirken besteht und nur durch ein solches die volle
Berechtigung in der Gemeinde und Kirche bedingt sein kann."
Nur kirchliche Unbescholtenheit kann verlangt werden; kirch=
lich unbescholten aber ist Jeder, „welcher nicht durch Reli=
ligionsverachtung oder unehrbaren Lebenswandel ein öffentli=
ches Aergerniß gegeben hat." Ebenso sind unselbständige
Mitglieder der Gemeinde vom Wahlrecht auszuschließen.

These VI. Die Besetzung der Pfarrstellen durch die
Gemeinde selbst bedarf für den, der auf dem Gemeindeprin=
cip steht, keiner besondern Begründung. „Wenn es keinen
von Gott inspirirten besondern Priesterstand und keine selb=
ständige auf göttlicher Anordnung beruhende kirchliche Regier=
ungsgewalt gibt, auf welch' andere Weise könnte dann der
Geistliche zu seiner Stellung in der Gemeinde gelangen, als
durch den Willen der Gemeinde?" Ein von dem Willen
und Einfluß der Gemeinde ganz unabhängiger Weg der Be=
setzung der Pfarrstelle durch die Kirchenregierung, oder dritte
Personen, (Patrone), widerstreitet den oben aufgestellten ober=
sten christlichen Verfassungsgrundsätzen und würde sich jeden=
falls nur als ein provisorischer, als ein Mittel eines dem
Staatsnothrecht analogen Kirchennothrechts, so lange einiger=
maßen rechtfertigen lassen, als lediglich die Kirchenregierun=
gen geistig und religiös erleuchtet, die Gemeinden aber in
einem solchen Zustand religiöser und sittlicher Zerrüttung ver=
fallen wären, welcher eine Suspension ihres Selbstbestim=
mungsrechts rechtfertigen könnte. Daß aber ein solches Ver=
hältniß heute und schon seit Jahrhunderten nicht mehr besteht,
in den Gemeinden sogar häufig mehr ächt christlicher und
sittlicher Geist zu Haus ist, als in manchen an der Spitze
von Kirchenbehörden stehenden Persönlichkeiten, bedarf eben=
sowenig einer weiteren Ausführung als die Behauptung, daß
ein wahrhaft segensreiches, von vornherein durch kein Miß=
trauen getrübtes Verhältniß zwischen dem Geistlichen und der
Gemeinde nur dann möglich ist, wenn das Vertrauen der
Gemeinde den Geistlichen berufen hat." Alle Mittelwege,
die man andererseits eingeschlagen, führen nicht zu dem ge=

wünschten Ziele. Wenn auch die Wahl durch die Gemeinde Ausschreitungen im Gefolge hat, so können diese durch eine richtige Verfassung vermieden werden und die Besetzung durch Patrone u. s. w. hat noch mehr Nachtheiliges. — Redner giebt sodann eine geschichtliche Erörterung über die Besetzungsweise des 16. Jahrhunderts. Vollständig unerträglich und hochgefährlich seien die Patronate in katholischen Händen.

These VII. Das Recht der Gesetzgebung gebührt der Landessynode und der Kirchenregierung (Genehmigung durch den Landesherrn), es erstreckt sich nicht nur „auf den äußeren Organismus der Kirche, sondern auch auf alle Gegenstände der Lehre und des Cultus, sowie auf die Einführung oder Veränderung von Gottesdienstordnung, Liturgien, Gesangbüchern und Katechismen." Das unveräußerliche Princip der Selbstständigkeit der Gemeinde kann jedoch selbst durch Acte der obersten Gesetzgebung nicht in der Weise beschränkt werden, daß in Bezug auf Lehre oder Cultus den Gemeinden wider ihren Willen Etwas Neues aufgedrungen werden könnte. Hierdurch erledigen sich die Bedenken derjenigen, welche eine Majorisirung der Gewissen und namentlich da, wo noch verschiedene Bekenntnisse gelten, eine zwangsweise Einführung der Union befürchten oder wenigstens zu fürchten vorgeben. Wo eine Gemeindevertretung nicht besteht, darf Octroirung stattfinden. Redner begegnet sodann den Einwürfen von Seite der Bekenntnißverschiedenheit. Er erinnert an den von den weimarischen Protestantenvereinen eingeschlagenen Weg, nämlich in der Verfassung folgende Bestimmung aufzunehmen:

„Die evang.=prot. Kirche, welche lutherische, reformirte und unirte Gemeinden in voller Gleichberechtigung unter einem Kirchenregiment in sich vereinigt, erkennt mit der evangelischen Gesammtkirche in Christus ihr alleiniges Haupt und in der der freien Forschung anheimgegebenen heiligen Schrift, die Hauptquelle ihres religiösen Glaubens und Lebens und in den reformatorischen Bekenntnissen die ersten Glaubenszeugen der jungen protestantischen Kirche."

These VIII. Das Kirchenregiment ist „die oberste Kirchenbehörde, durch welche der Landesherr die ihm verfassungsmäßigen Rechte in der Kirche ausübt." Ihm zur Seite müsse ein Synodalausschuß, als Vertreter der Synode (Landesgemeinde) stehen. Beide aber seien auf die Verfassung zu verpflichten.

Aus den warmen eindringlichen Schlußworten heben wir hervor: „Hochgeehrte Versammlung! Ich bin mit der Erörter-

3

ung ber allgemeinen, aus bem Gemeindeprincip sich ergeben=
den Grundsätze, deren Durchführung in den protestantischen
Kirchenverfassungen Deutschlands gleichmäßig zu erstreben sein
dürfte, zu Ende. Wenn ich doch auch sagen könnte, wir
seien auch mit der Durchführung selbst schon am ersehnten
Ziele angelangt und könnten einziehen in einen auf der
Selbstständigkeit der Gemeinde ruhenden einheitlichen, von
gesunder Luft durchwehten Neubau der protestantischen Kirche!
Leider! stehen uns aber auf dem Weg zu diesem Ziel noch
schwere Kämpfe bevor. Jesuitismus und Ultramontanismus,
welche auf die Schwäche der protestantischen Kirche ihre kühnen
Hoffnungen bauen und in diesem Sinn die Staatsgewalten
beeinflussen, — Indifferentismus eines großen Theils der
Glieder der Kirche — Aengstlichkeit, Halbheit und Schwäche
der Mittelpartei, vor Allem aber die Herrschsucht einer vom
Protestantismus abgefallenen, in den „Schlingen der Men=
schensatzungen" befangenen und an die bestehenden Staatsge=
walten sich feig anklammernden Theologen= und Priesterkaste,
— das sind die Hauptfeinde, mit welchen wir zu kämpfen
haben. Lassen Sie uns aber den Kampf mit aller durch das
Bewußtsein des Rechts und des endlichen Siegs gegebenen
Kraft und ohne weiteren Verzug aufnehmen, ehe die Schaar
der Gegner noch mehr gewachsen ist und ein Theil unserer
Streiter das Vertrauen auf seine Führer verliert!" Diese
Aufforderung richtet Ref. besonders an die hessischen Lands=
leute, denn in Hessen treibe, als Staat im Staat, der Je=
suitismus sein Unwesen, während durch die Consistorialver=
fassung die evang. Kirche gefesselt daliege. Eine Aenderung
müsse angestrebt werden, und jeder wackere Mann sich auf
dem Plane finden lassen. Dem Vorbilde Philipps des Groß=
müthigen sei zu folgen: „Was würde er wohl sagen, der
hochherzige Urheber der Kirchenreformationsordnung von 1526,
wenn er heute wieder käme und auf den seit 16 Jahren mit
römischen Klöstern und Kutten übersäeten Theil seines Hes=
sens und den Zustand der evangelischen Kirche desselben einen
Blick würfe? Er würde uns zornerfüllt zu muthigem Aus=
halten im begonnenen Kampf anspornen und uns die denkwürdi=
gen Worte zurufen, mit welchen er in der kernhaften Sprache
seiner Zeit seine Vertreter beim Reichstag zu Augsburg an=
feuerte, dem milden und „zaghaften Philipp (Melanchthon)
in die Würfel zu greifen":
„Wenn man ins Weichen kumpt, kann man nit genug
weichen. — Da ist nit Zeit Weichens, sondern stehen bis in

den Tod bei der Wahrheit. Viel weniger ist der Bischöfe
Jurisdiction zuzulassen, die weil sie das Evangelium in ihren
Landen nit zu predigen, noch zu treiben gestatten wollen.
Denn da würde ein fein Narrenspiel auswerben, so die sollten
examinatores über christliche Prediger sein, die selbst in der
Lehre und Leben Caiphas, Annas und Pilatus wären. —
Kanns nit gut werden, muß mans Gott befehlen. Zeigt den
Städten diese meine Handschrift und sagt Ihnen, daß sie
nicht Weiber seien, sondern Männer. Es hat kein Noth,
Gott ist auf unserer Seite. Wer sich gerne fürchten will,
der fürchte sich!"

„Protestantische Glaubensgenossen aus Hessen! stehet un=
erschütterlich fest zu den Männern, welche die reine Fahne
Philipp's des Großmüthigen bereits erhoben haben und Euch
dieselbe vorantragen wollen zum Entscheidungskampf um das
uns vorenthaltene Erbe unserer Väter! Sie werden Euch,
wenn Ihr muthig ausharret, zum Siege führen und auf den
Trümmern von „Zwing-Uri" das stolze Banner der protestan=
tischen Freiheit aufpflanzen!

Nach Vollendung dieses Vortrages ertheilt der Präsident
drei Rednern das Wort zur Discussion: Prediger Dr. Lisko
aus Berlin, Pfarrer Steinacker aus Buttelstedt (Weimar)
und Prediger Manchot aus Bremen.

Pred. Dr. Lisko empfiehlt die Annahme der von Ohly
aufgestellten Thesen. Es seien in ihnen dieselben Grundsätze
ausgesprochen, zu denen sich in Betreff der Verfassungsfrage
auch die zu dem Berlinischen Unionsverein verbundenen Mit=
glieder des Protestantenvereins bekennen. Schenkel habe ge=
mahnt, den jungen Most des auf's Neue gährenden evange=
lischen Geistes von aller katholisirenden Trübung frei zu
halten. Ohly mahne, diesen Most in neue Schläuche zu
fassen; das sei eine unerläßliche, dem neu sich gestaltenden
Leben unseres deutschen evangelischen Volkes mit ganz beson=
derer Dringlichkeit an's Herz zu legende, Aufgabe; werde sie
nicht gelöst, so würden die alten Schläuche zerreißen, der
Most werde verschüttet. Preußen habe durch die Größe sei=
nes Gebietes, durch die geschichtliche und rechtliche Geltung
der Union, durch eine in vieler Beziehung treffliche kirchliche
Gesetzgebung, durch die Verfassung, welche der evangelischen
Kirche die selbstständige Ordnung und Verwaltung ihrer An=
gelegenheiten zuspreche, durch die gesegnete Wirksamkeit der
auf kirchengeschichtlichen Grundlagen ruhenden rheinisch=west=

phälischen Kirchenordnung einen bedeutenden Antheil an dieser Arbeit zugewiesen erhalten. Redner schilderte in wenigen Zügen die Stellung, welche das preußische Kirchenregiment zu der Aufgabe genommen, wie es eine weder den Bedürfnissen der evangelischen Gemeinde, noch den evangelischen Principien entsprechende Gemeindeordnung gegeben, wie es im Jahr 1867 den Entwurf einer Provinzial-Synodal-Ordnung den Kreissynoden vorgelegt habe, der die zu verfassungsmäßiger Selbstständigkeit berufene Kirche vollkommen in der Gewalt des Staatskirchenregiments belasse. Dieser Entwurf habe am 2. März 1869 das Urtheil des Abgeordnetenhauses erfahren, daß er zur Herstellung einer Ausführung des betreffenden Verfassungsartikels völlig ungeeignet sei. Wir, fuhr der Redner fort, die Männer des Unionsvereins stehen nun seit 20 Jahren in der Arbeit um die Herbeiführung einer nach den vorher ausgeführten Principien aufzubauenden Kirchenverfassung, sie ist uns die Lebensfrage unserer, wie der gesammten deutschen evangelischen Kirche. Nur ihre Herstellung auf Grundlage des Gemeindeprincips, nur die praktische Durchführung des Priesterthums aller Gläubigen vermag nach unserer Ueberzeugung die unserer Kirche wie unserer Theologie anklebenden unevangelischen Elemente zu überwinden, dem Geistlichen die rechte von jedem Hierarchismus befreite Stellung in der Gemeinde zu sichern, nur sie kann mit einem Wort das in der Reformation begonnene Werk wahrhaft fortsetzen und vollenden. Unsere Arbeiten, Bitten und Mahnungen haben bis jetzt nicht zum Ziele geführt. Nur um so fester halten wir an der großen Aufgabe fest und ergreifen jede Gelegenheit, um ihre Lösung zu fördern. Auch die eben erwähnte Erklärung des Abgeordnetenhauses vom 2. März hat uns Veranlassung gegeben, über die beabsichtigte Berufung der Provinzialsynoden zu unserem evangelischen Volke zu sprechen (Siehe: die Berufung der Provinzialsynoden. Ein Wort an die Gemeinden vom Vorstand des Unionsvereins). Wir haben unter Schilderung der rechtlichen Verhältnisse und bei kritischer Ablehnung jenes kirchenregimentlichen Entwurfes unsere Gemeinden auf den in ihnen wirklich lebenden Geist, auf die in ihnen vorhandene Tendenz zur Verfassungsbildung, auf die Mittel und Wege hinweisen zu müssen geglaubt, durch deren Anwendung bessere Zustände hervorgerufen werden können. Wir glaubten der Zustimmung unseres evangelischen Volkes sicher sein zu dürfen, wenn wir uns dahin aussprechen: Die Herrschaft des Geistes Christi über unser evangelisches Volk ist nicht im Abnehmen, sondern im Zunehmen begriffen. Unser evangelisches Volk steht durchaus auf dem Boden der Union. Unser evangelisches Volk glaubt an die Möglichkeit, Cultur und Christenthum mit einander auszusöhnen. Unser evangelisches Volk bedarf der Herstellung der freien evangelischen Kirche deutscher Nation in dem freien deutschen Staat. Es ersehnt den Aufbau seiner Kirchenverfassung auf dem Grunde der Selbstständigkeit der Einzelgemeinden. Umfassendere kirchliche Belehrung ist unserem Volke, ist jedem Einzelnen dringendes Bedürfniß. Lebendigere Erweckung des religiös-kirchlichen Interesses ist Pflicht. Kräftigere Benutzung der vorhandenen Rechte im Dienste der Kirche ist Aufgabe. — Nicht zu ungünstiger Stunde scheinen wir unser evangelisches Volk an diese Gedanken erinnert zu haben. Die neuesten Vorlagen des Kirchenregiments an die Kreissynoden fordern eine Prüfung der wesentlichsten Grundlagen unserer Gemeindeverfassung, sie deuten auf eine größere Freiheit der Wahlen, auf die Bildung von Repräsentantenkörpern, auf die Verleihung von höheren Rechten an die Gemeindekirchenräthe hin, die Provinzialsynoden sollen womöglich noch in diesem Jahr nach einem wesentlich gebesserten Plane zusammengesetzt werden. Möchte die Arbeit in evangelischem Geiste gefördert, beendet werden. Ihre Theilnahme wird sie mit der unseren begleiten. Wäre sie schon vollendet! Wollte das Kirchenregiment sich ermannen und durch Befolgung wahrhaft evangelischer Principien nun seinen größesten Wunsch erfüllen, **die Thätigkeit des Protestanten-Vereins unnöthig und überflüssig** machen. Wir werden heute Sr. Heiligkeit dem Papste eine deutsche Antwort geben. Wie anders würde noch die Antwort lauten, wie viel voller würde sie tönen, wenn eine in Gemeinde, Provinz und Land völlig entwickelte und durchgebildete Kirche das in ihr kraftvoll pulsirende evangelische Leben durch ihre berechtigten Organe zum Ausdruck bringen könnte. Die Zeit wird kommen, sie ist im Anzuge. Die erhebende Schönheit des Lutherdenkmals mit seiner gestaltenreichen Vergegenwärtigung des immer segensreicher werdenden Ringens der Christenheit zum Ziele der freien Gotteskindschaft, sie ist ihre Weissagung. Die Weissagung wird in Erfüllung gehen, wenn jenes Lutherwort des Denkmals verstanden und beherzigt wird, daß der Glaube nichts Anderes ist, als das wahrhaftige Leben in Gott selbst. Wie Viele verstehen das Wort schon heute! Auf dies Wort ge-

stützt sehe ich im Geiste die Kirche sich erheben: Sie gleicht
nicht mehr der gebeugten trauernden Magdeburg mit gebro=
chenem Schwert, nicht mehr der protestirenden Speier mit der
kraftvoll abwehrenden Bewegung der Hand; sie gleicht der
siegreichen, verklärten, unter der Palme des Friedens ruhen=
den Augsburg, — erklären Sie, theure evangelische Freunde,
Ihre Zustimmung zu den Sätzen, deren Bewährung im Leben
unserer Kirche eine solche Erhebung sichern würde!

Pfarrer Steinacker.

Hochgeehrte Versammlung! Wenn ich heute an
dieser Stätte für das evangelische Gemeindeprincip das Wort
ergreife, so geschieht dies mit dem Bewußtsein, dazu wohl
mehr, als mancher Andere, ein Recht zu haben. Ich gehöre
meiner Geburt nach der protestantischen Kirche Oesterreichs
an, die, nachdem sie lange Jahre unter dem Drucke des Con=
cordats geschmachtet, erst wieder freier athmet, seit dieser Druck
wenigstens theilweise von ihr genommen ist. Ich habe an
den Kämpfen dieser Kirche für Union und eine freie Syno=
balverfassung schon vor 20 Jahren, als evangelischer Pfarrer
zu Triest, Antheil genommen. Ich habe in Folge dieser
Kämpfe, die erst in den letzten Jahren, unter günstigeren
Verhältnissen, und durch die treue, aufopfernde Hingebung
wackrer Männer zum Siege führten, schwer gelitten. Denn
der damalige österreichische Concordatsminister, Graf Leo Thun,
hat die ganze Schale seines ultramontanen Zorns über mein
Haupt ausgegossen. Nach manchen bittern Erfahrungen, die
mir später in der protestantischen Kirche von Seiten der han=
növer'schen Orthodoxie bereitet wurden, komme ich jetzt aus
meiner zweiten Heimath, dem Großherzogthum Weimar, als
Abgesandter der dortigen Protestantenvereine Weimar, Jena,
Buttelstedt, und es freut mich, Ihnen berichten zu können,
daß auch in Weimar das evangelische Gemeindeprincip und
eine, wenigstens größentheils auf ihm beruhende Synodalverfassung nach zehnjährigem Kampfe sich endlich Bahn gebrochen hat, und in ihren Grundzügen von Seiten des dortigen Kirchenregiments bereits vorliegt. Dadurch ist in der
evangelschen Kirche Weimar's ein neues Leben geweckt
worden. Ich bin hierher gekommen, um Ihnen in dieser
altehrwürdigen Lutherstadt herzlichen Gruß und freudige Zustimmung zu Ihrem Werk von Seiten der Weimarischen Protestantenvereine zu überbringen; um im Bunde und aus der
Gemeinschaft mit gleichgesinnten Brüdern aus allen deutschen

Gauen, Stärkung zu suchen für den Kampf, welcher der entschieden freigesinnten Partei, insbesondere den Mitgliedern der Weimarischen Protestantenvereine, auf Veranlassung der Synodalbewegung von Seiten der kleinen, aber rührigen und einflußreichen Schaar der orthodoxen Gegner bevorsteht und bereits begonnen hat. Ich bin hierher gekommen, um im Anblick des herrlichen unvergleichlichen Lutherdenkmals, das jedem Protestanten das Herz erhebt und begeistert, Kraft und Muth zu schöpfen im Streite für die gute Sache evangelischer Wahrheit und Freiheit, um Ihnen zu sagen, daß auch wir in Weimar die Fahne des evangelischen Gemeindeprincips entschieden aufgepflanzt, und unter diesem Banner den Kampf eröffnet haben. Denn an Kampf kann und wird es nirgends und niemals fehlen, wo nicht nur der Schein, sondern das Wesen einer ächt protestantischen, auf dem evangelischen Gemeindeprincip beruhenden Synodalverfassung angestrebt wird.

Was nun den eben vernommenen trefflichen Vortrag über den letzteren Gegenstand betrifft, so kann ich mich im Ganzen und Großen damit völlig einverstanden erklären. Aber das volle Gewicht und der eigentliche Schwerpunkt liegt — wenigstens für uns Weimaraner — in dem durch die Synodalverfassung mit zu begründenden oder doch gegen jede Mißdeutung oder Auslegung sicherzustellenden freten Bekenntnißrecht der lutherischen, reformirten und unirten Gemeinden, sowie aller, auf dem Grunde des Evangeliums stehenden religiösen und protestantischen Richtungen innerhalb der Landeskirche; und ich hätte gewünscht, daß auch die für die gegenwärtige Versammlung gestellten Thesen dieses Bekenntnißrechtes als einer nothwendigen Folgerung des evangelisch-protestantischen Gemeindeprincips, an irgend einem Orte ausdrücklich Erwähnung gethan hätten.

Denn, hochgeehrte Versammlung! so lange unsere orthodoxen Gegner sich, wie bei uns in Weimar, auf den, durch die historische Entwickelung bedingten, wenn auch in späterer Zeit durch das sogenannte Quatenus*) der Verpflichtung auf die symbolischen Bücher, und durch die thatsächliche und gesetzlich anerkannte Aufnahme reformirter und unirter Gemeinden in den Verband der Landeskirche wesentlich veränderten lutherischen Bekenntnißstand dieser Kirche berufen

---

*) J D. h. in so weit dieselben mit der heiligen Schrift übereinstimmen.

können, so lange die religiöse Gleichberechtigung der verschiedenen Bekenntnisse, Richtungen und Anschauungen, insoweit sie auf dem Grunde des Evangeliums stehen, oder auch nur stehen wollen, und darauf zu stehen erklären, nicht klar und unzweifelhaft durch die Verfassung selbst anerkannt, fest= und sichergestellt ist: so lange ist an dauernden Frieden innerhalb der Landeskirche nicht zu denken. So lange die orthodoxen Gegner sich mit einem Schein des Rechtes auf den ausschließlich lutherischen Charakter der Landeskirche, auf die ausschließliche Geltung des lutherischen Bekenntnisses stützen und steifen; so lange sie jedes Rühren an dieses alte Heiligthum jals einen Umsturz der Kirche selbst ausschreien, so lange sie uns Freiergesinnten zurufen dürfen: „Ihr seid die Ungläubigen, Ihr gehört gar nicht zur lutherischen Kirche, und wir brauchen gegen Euch unser „Hausrecht", wir dulden Euch darin nur so lange als es uns gefällt:" — so lange, hochgeehrte Versammlung! schwebt das Damoclesschwert fortwährend über den Köpfen nicht nur der Prediger und Lehrer, sondern der Gemeinden selbst; so lange ist die kostbare Errungenschaft der neuern Zeit, und die Losung des deutschen Protestantenvereins: Die religiöse Gleichberechtigung der protestantischen Bekenntnisse und Richtungen, so lange ist die Union, jenes vielangefochtene, hartbedrohte Vermächtniß eines frommen Königs und Kleinod der protestantischen Kirche neuerer Zeit, nicht gesichert, so lange ist die Synodalverfassung selbst nur eine todte äußere Form, ohne den rechten belebenden Geist protestantischer Freiheit!

Doch, hochgeehrte Versammlung, ich will Ihre, durch die lange Dauer der Verhandlungen ohnehin schon auf eine harte Probe gesetzte Geduld nicht länger ermüden. Lassen Sie mich daher mit dem innigen Wunsche schließen: Möge auch die heutige Verhandlung dazu beitragen, das Bewußtsein und das freie Bekenntnißrecht des evangelischen Gemeindeprincips in uns Allen zu stärken, zu beleben und zu kräftigen; möge jeder Einzelne an seiner Stelle und in seinem Kreise dafür einstehen, möge er muthig dafür kämpfen, denn so nur kann die rechte Frucht und der rechte Segen einer ächt protestantischen Synodalverfassung errungen, so nur kann die deutsche Nationalkirche angebahnt und würdig vorbereitet werden.

Prediger Manchot aus Bremen.

Des Protestanten=Vereines in Bremen Gruß und herzlichen Glückwunsch zu dem heutigen Werke bringe ich

Ihnen. Und noch mehr als bloße Zustimmung, ich bringe Ihnen einen Beweis für die Richtigkeit und heilsame Wirkung der hier aufgestellten Grundsätze.

Dieser Beweis wird Ihnen werthvoll sein; denn er besteht in der erprobten Erfahrung unseres kirchlichen Lebens; es ist ein zuverlässiger Erfahrungsbeweis. Was hier als Fundament einer protestantischen Kirchenordnung aufgestellt worden ist: die Selbständigkeit der christlichen Gemeinde, das besitzen wir in Bremen thatsächlich; und nicht erst seit gestern, sondern schon geraume Zeit. Niemand darf uns sagen das sei eine Forderung, die etwa nur hier oder in Baden anwendbar, auf die Verhältnisse Norddeutschlands aber nicht passe. Wie dieselbe dem Wesen des Protestantismus entspringt: so muß deren ehrliche Anwendung überall der protestantischen Kirche zum Segen gereichen. Unsere Bremische Kirche ist noch eine Staatskirche; aber vor der ärgerlichen Verderbniß des Staatskirchenthums, die wir an anderen Orten beklagen, sind wir bewahrt geblieben. Woburch? durch nichts anderes, denn daburch, daß das Kirchenregiment seit langen Jahren die Selbständigkeit der Gemeinden geachtet und geschützt hat. Ich weiß, unser Bremen wird jetzt oft verleumdet; ich denke nun nicht, daß jemand der hier Anwesenden diesen Verleumdungen viel Glauben schenkt; aber ich muß es doch wegen jener Verleumdungen nachdrücklich sagen: die Kirche erleidet bei uns keine Gewalt; keine orthodoxe Gemeinde wird da gemaßregelt; ebensowenig sind freisinnige Protestanten durch kirchliche Parteiherrschaft beleidigt und bedrängt; Vortheile im Staatsdienste, Gewinn, Aussichten auf Beförderung, das darf ich mit freudigem Stolze hervorheben, kann niemand in unserem Gemeinwesen durch religiöse Parteinahme oder jene angeblich „gläubige Gesinnungstüchtigkeit" erlangen. Wir müssen auch ein sehr lebendiges Interesse daran haben, daß in unserem ganzen Vaterlande diese Grundsätze zur Geltung gelangen. Denn die Zeit muß ja kommen, da wenigstens alle Protestanten zu einer großen deutschen Nationalkirche sich einigen. An Ihrer Treue und Ausdauer wird es liegen, daß wir dann um uns der deutschen Kirche anzuschließen nicht verlieren müssen, was wir längst besitzen. Lassen Sie sich bitten männiglich für diese Grundsätze allerwärts einzutreten. Man hört die Klage, daß selbständige Männer den Dienst der Kirche meiden; die Kirche kann aber derselben nicht entbehren. An den Gemeinden ist es die Aenderung anzubahnen. Treten Sie, die Männer aus den Gemeinden

vor allen Dingen endlich mit chriſtlichem Nachdruck für Ihr hei=
liges Recht ein: ſo werden Sie auch wieder ſolche Männer
finden, die mit Freuden der ewigen Wahrheit unter Ihnen
dienen. Sie müſſen ſich aber mit zäher Ausdauer auf eine
ernſte Bewegung einrichten; denn Sie dürfen von Ihrer freu=
digen Theilnahme nicht auf diejenigen ſchließen, welche bis
dahin Gewalt in der Kirche geübt. Man wird das Aeußerſte
aufbieten, um dem falſchen Amtsbegriff wie den unkirchlichen
Parteizwecken auch fernerhin die Herrſchaft zu ſichern. Wenn
wir aber treu ſind, kann uns der Sieg nicht fehlen; denn
wir ſtreiten mit ſolchen Grundſätzen für die Befreiung der
göttlichen Wahrheit und das rechte chriſtliche Leben. Wäre
freilich das Chriſtenthum nichts anderes als ein Hinausſterben
aus der Welt, dann wäre es wohl bequem bei dem Amts=
und Anſtaltsweſen ſich dafür zu verſichern. Wir wiſſen aber,
daß das Evangelium zu etwas ganz anderem uns leiten will.
Es will uns treiben die Kraft der göttlichen Liebe in die
Welt hineinzutragen und in ihr dem heiligen Willen Gottes
gemäß zu wirken; in welcher Arbeit wir die Wahrheit des
apoſtoliſchen Wortes erfahren: wir leben oder ſterben ſo ſind
wir des Herrn. Ja, weil wir die Forderungen des heiligen
Gottes Willens unbedingt anerkannt ſehen wollen, deßhalb
treten wir den vorgeblichen Anſprüchen eines kirchlichen Am=
tes entgegen. Denn wo von einem beſonderen Amte gelehrt
wird, daß der fromme Menſch dieſem ſich unterwerfen müſſe,
wo von einer kirchlichen Anſtalt behauptet wird, daß deren
Anordnungen und Gebräuche befolgen mit dazu gehöre, um
die Theilnahme am Gottesreich zu erlangen: da kann es
nicht ausbleiben, daß was heilig, gerecht und Gott wolgefällig
iſt den Satzungen der Menſchen nachgeſetzt wird. Darum
haben die alten Propheten gegen das ganze Prieſter= und
Opferweſen geeifert, hat ein Jeſaja im Namen Gottes ſeinem
Volke zugerufen, daß dem Heiligen in Iſrael ſolche leeren Dienſte
ein Gräuel ſind, und deßhalb hinzugefügt, laſſet vom Böſen
und lernet Gutes thun. Darum hat unſer Herr Jeſus Chriſtus
vom unfruchtbaren Anſtaunen ſeiner Perſon hingewieſen auf das
Leben, das mit ſeinem Sinne vollbracht werden muß, und
uns gewarnt, daß nicht alle, die Herr Herr zu ihm ſagen, ſon=
dern die den Willen thun des Vaters im Himmel in das Reich
Gottes eingehen. Möge Gott, unſer Vater, das Werk des
heutigen Tages ſegnen, daß es in Ihrem Sinne zur Mehrung
ſeines Reichs beitrage.

Nach dieſen mit gleichem Beifall aufgenommenen Reden,

bringt der Präsident auch diese Thesen zur Abstimmung, welche ebenfalls wieder Einstimmigkeit ergibt, dann schließt er die Versammlung, indem er noch einmal auf die Bedeutung des Tages hinweist und den Segen Gottes über die Aussaat des großartigen Tages erbittet.

Darauf theilt der Präsident mit, daß nun der feierliche Act, welcher dem Tag seinen würdigen Abschluß verleihen soll, die Verkündigung der „Erklärung" vor allem Volk und das Absingen des Lutherliedes auf dem öffentlichen Marktplatze vor sich gehen soll.

Es war ein erhabener Anblick auf dem großen Platze und noch weit in die Straßen hinein in unabsehbare Reihen dichtgedrängt Mann an Mann, wie eine ungeheure protestantische Mauer anzuschauen, welche jedem Angriffe Trotz bietet. Der Präsident Geh. Rath Dr. Bluntschli bestieg hierauf eine Tribüne unter aufmerksamer Stille und sprach folgende Worte:

Im Namen und im Auftrag der deutschen Protestanten-Versammlung, welche aus allen Gegenden von Deutschland beschickt worden ist, habe ich nach alter deutscher Sitte hier auf offenem Marktplatze unter freiem Himmel vor dem anwesenden Volke öffentlich die Beschlüsse zu verkünden, welche heute in der Dreifaltigkeits-Kirche berathen und einstimmig angenommen worden sind.

Der Papst Pius IX. hat auch uns, die deutschen Protestanten aufgefordert, die Reformation als Irrthum abzuschwören, in den Schafstall Petri zurückzukehren, und dann an dem großen Concil, das er nach Rom versammelt hat, Theil zu nehmen.

Auf diese römische Einladung mußte eine deutsche Antwort gegeben werden, eine Antwort aus dem Herzen und aus dem Geiste des deutschen Volks heraus. Dazu sind wir hier in Worms zusammengekommen, wo einst Luther vor Kaiser und Reich protestirt hat, und wo das schönste deutsche Denkmal der Welt zeigt, wie hoch die deutsche Nation das Andenken an die deutsche Reformation ehrte, als die größte That ihres Lebens.

Wir sind nicht hergekommen um Zwietracht zu stiften zwischen Protestanten und Katholiken; nicht um den confessionellen Eifer und Hader zu entzünden. Die deutschen Protestanten und Katholiken sind durch die heiligen Bande der Ehe und des Bluts vielfältig mit einander verbunden. Wir leben miteinander in Friede und Freundschaft. Wir gehören denselben Gemeinden an, und arbeiten mit einander an der gemeinen Wohlfahrt. Wir reden dieselbe Sprache, und erfreuen uns der Werke der deutschen Kunst und Literatur, ohne Unterschied ob ein Protestant oder ein Katholik sie geschaffen hat. Wir sind Söhne derselben Nation und unsere Liebe ist dem gemeinsamen Vaterlande geweiht, dessen Wiedergeburt wir erleben. Wir wollen diese Einheit und diese Gemeinschaft nicht stören und zerreißen lassen durch keine Pfaffenlist und keinen Pfaffentrug. Das sollen sie auch dort an der Tiber deutlich vernehmen (Lauter Beifall).

Auch unsere Vorfahren hatten schon im XVI. Jahrhundert einen Religionsfrieden geschlossen. Dann aber sind die Jesuiten ins Land gekommen und haben zu gewaltsamer Unterdrückung der Reformation verhetzt. Die Folge davon war jener unselige dreißigjährige Krieg, welcher unsere Dörfer verbrannt, unsere Bauern arm gemacht, den Wohlstand unserer blühenden Städte ruinirt, unsere Bildung verwüstet hat. Die Macht des deutschen Reiches, das vormals hochgeehrt an der Spitze Europas gestanden, ist gebrochen und in Ohnmacht verwandelt worden.

Seither hat sich die deutsche Nation langsam mit viel Anstrengung wieder erholt. Aber schon regen sich die alten Feinde wieder und versuchen den neuen bessern Frieden zu untergraben. Derselbe Jesuitenorden, den Papst Clemens XIV. als den verderblichsten Friedensstörer der Welt verurtheilt und aufgelöst hat, ist wieder hergestellt worden und hat seine Arbeit wieder von Rom aus begonnen, wo er mächtiger ist als je. Die Welt wird nicht mehr zum Genuß ihrer Freiheit und ihres Friedens kommen, bis dieses Heer der Finsterniß nochmals und für immer aufgelöst sein wird.

Die deutsche Nation aber wird die religiösen und sittlichen Güter, die politischen und gesellschaftlichen Fortschritte, welche sie dem Anstoß der Reformation verdankt, nicht verleugnen noch Preis geben. Nein Rom, das nicht unsere Sprache redet, das den deutschen Geist nicht versteht, soll und darf seine Herrschaft nicht wieder über Deutschland erstrecken. Die deutsche Nation wird mit aller ihrer Kraft eintreten für die deutsche Freiheit wider Römischen Geistesdruck. (Beifallssturm.)

Darauf wurde die obige Erklärung verlesen.

Nach der Verlesung:

Wenn Ihr einverstanden seid mit dieser Erklärung so bitte

ich Euch zum feierlichen Zeichen der allgemeinen Zustimmung die Häupter zu entblößen und die Hüte zu schwingen.

(Es war ein großer Moment als von allen Häuptern der großen Versammlung, welche den ganzen Marktplatz und die anstoßenden Straßen dicht gedrängt besetzte, die Hüte gezogen und jubelnd geschwenkt wurden.)

Nun ward das Lutherlied: Eine feste Burg ist unser Gott! gesungen. Darauf fuhr der Redner fort:

Wohlan denn, so kehrt in Frieden nach Hause und verbreitet unter Euren Mitbürgern die gehobene Stimmung dieses Tages. Der Tag von Worms der 31. Mai 1869 wird im Herzen des deutschen Volkes fortleben und Früchte bringen. Der Segen Gottes, der die Schicksale der Welt leitet, wird mit uns sein. Laßt uns zum Abschied noch ein feuriges Hoch bringen der protestantischen Gewissensfreiheit und der deutschen Geistesfreiheit.

(Lange nachhaltender mächtiger Jubelruf bekräftigt diese Worte.)

Damit hatte das großartige Fest seinen Abschluß gefunden. Ein Festessen im Casinogebäude, vermochte nur etwa 400 Gäste zu versammeln, weil der Raum für eine größere Zahl nicht ausreichte. Zahlreiche Toaste von protestantischem und patriotischem Geiste erfüllt fanden hier jubelnden Beifall. Am Abend noch wurde die große Menschenmasse von zahlreichen Eisenbahnzügen nach allen Seiten hin davon getragen.

Der Tag von Worms wird unvergeßlich bleiben, weil er in der That ein Volksfest vom großartigsten Stile war. Keine Unordnung, keine Störung verletzte die Würde, welche dem kirchlichen Feste gebührte. Bis zum späten Abend konnte unter diesen Tausenden auch nicht über e i n e Ausgelassenheit, über eine den Anstand und den Ernst der Sache verletzende Thatsache geklagt werden. Alles verlief in einem wahrhaft evangelischen Ernste.

Liste der Delegirten in Worms*)
Norddeutschland.

Berlin: Professor von Holtzendorff und Prediger Dr. Lisko.
Bremen: Prediger Manchot.

---

*) Wir haben diese Liste nach dem vorhandenen schriftlichen Material zusammengestellt. Sie wird annähernd, wenn auch nicht ganz vollständig sein, da viele Abgeordnete, wie wir nachträglich erfahren, gar nicht zur Anmeldung kamen. Die rasche Arbeit im großen Gedränge hat vielleicht manchen Irrthum nach sich gezogen, welchen wir zu entschuldigen bitten.

Halberstadt: Prediger Dr. Zschiesche.
Hamburg: Prediger Dr. Spörri.
Hannover: Senator Dr. Röse.
Osnabrück: Dr. G. Gruner, Superint. und Prediger Spiegel.
Leer: Superintendent Trip.
Braunschweig: Superintendent (Name unleserlich).
Weimar, Jena, Buttelstedt: Pfarrer Steinacker.
Pößneck (Gotha): Diaconus Schubarth.|

Baden.

Freiburg: Dr. Eimer, D. H. Meier.
Staufen und Gallenweiler: Gerichtsnotar Sevin.
Eschelbronn: Bürgermeister Doll. Gemeinderath Wolff. Rath=
schreiber Dinkel. Gemeinderechner G. M. Wolff. G. Butschbacher.
Konrad Ziegler. Christ. Geiger.
Leimen: Rehm. Ehrhard. Lingg. Jacobi.
Neuenheim: Schneider, Pfarrverweser.
Bruchsal: Pfarrer Röck und Verwalter Schenk.
Wertheim: Bürgermeister Frank.
Sinsheim: Bezirksförster Laurop.
Heidelberg: Abel. Kreisgerichtsdirector Puchelt. Professor Watten=
bach. Stadtpfarrer Herbst.
Pforzheim: Professor Provence. Fabrikant Chr. Becker. Gutsbe=
sitzer Gschwindt. Rentier Hopp. Fabrikant G. Majer.
Hockenheim: Pfarrverweser Dorner. Dr. Gerber. Dr. Erckenbrecht.
Mannheim: Der Vorstand des Protestantenvereins.
Eberbach: Stadtpfarrer Höchstetter. Karl Balde. Müllerm. Phil.
Albert.
Wiesloch: Stadtpfarrer Hügel.
Haßmersheim: Pfarrer Wirth und Bürgermeister Heuß.
Gemmingen: Hübner, Lehrer. Monninger, Kronenwirth. Monnin-
ger, Gemeinderechner.
Lörrach: Decan Schellenberg.
Carlsruhe: Längin und Zittel, Pfarrer. Alt, Kreisschulrath. Schmie-
der, Fabrikant.
Bretten: Decan Schnell und Bürgermeister Paravicini.
Weinheim: Louis und Albert Klein. Pfarrer Zäringer.
Grossachsen: Pfarrer Euler.
Waldmichelbach: Carl Wernher, Apotheker.
Neckargemünd: Bürgermeister Heilmann und Leopold Müller.
Bammenthal: Pfarrer Hilspach.
Diöcese Müllheim (9 Geistliche): Decan Bürck.
Eppingen: Adam Gebhard.
Ladenburg und Neckarhausen: Pfarrer Joseph.
Neckarelz: Pfarrer Guth.

Hessen.

Wörrstadt: Eppelsheimer, Bürgermeister.
Offenbach: Sämmtliche Mitglieder des Vorstandes des Prot.=Vereins.
Erbach im Odenwald: Gutsbesitzer W. von Wedekind.
Ober= und Niederingelheim und eine Anzahl Gemeinden (etwa
500 Männer): Joh. Scheuermann aus Sauer.
Obersaulheim und Niedersaulheim: Kröhl in Obersaulheim.
Trebur: Peter Dörr und Christoph Ruhland.
Mainz: Nonweiler. Köster. Marx. Benhauer. Springmann.

Laubach: Ritter, Bürgermeister.
Schotten: Apotheker Scriba.
Friedberg: Ed. Rapp, Advokat.
Groß=Umstadt: Gottfried Heil. Jac. Lautz. Bernhard May. H. Münch.
Reichenbach: J. Darmstädter. Jak. Lappert.
Webenheim: Fr. Schwarz und Lanz.
Bensheim: Gust. Guntrum. Louis Leo.
Darmstadt: Gaule. Weller. Thudichum. Appfel. Orth.
Worms: Der Vorstand des Protestantenvereins.
Nidda: Landrichter Dr. Buff, Bürgermeister Reuning.
Hungen: Districtseinnehmer Landmann und Kammerrath Demme.
Södel: Lehrer W. Loos.
Eckelsheim: Lehrer Oestreich und Christoph Rodenbach.
Wohnbach: Heinrich Pfeifer.
Wendelsheim: W. Hahn, Beigeordneter. L. H. Schönfeld. A. Knobloch.
Nordheim: W. Wegerle.
Armsheim und Spießheim: Gerlach in Armsheim.
Eichloch und Wallertheim: Schlich, Pfarrer in Eichloch.
Oberhilbersheim, Wolfsheim, Bendersheim: Zimmer in Oberhilbersheim.
Udenheim, Schornsheim, Undenheim: Machenheimer in Schornsheim.
Ensheim: Axer in Ensheim.
Flonheim und Uffhofen: Köhler, Kaufmann in Flanheim.
Bornheim und Lonsheim: Zimmermann in Bornheim.
Groß Busel, Reiskirchen, Lauter: Gastwirth Gengnagel.
Wolfsheim: Pfarrer Schmidt.
Nierstein: Jacob Schlamp W. Schlauch.
Dienheim: Lehrer Kaltwasser.
Biebesheim: Bechtel.
Mörfelden: Bürgermeister Röschel und Gemeinderath Bach.

Pfalz.

Der protestantische Verein ist vertreten: Jacob Exter, Henrich aus Neustadt. Geißert, Bürgermeister von Dittenweiler. Olaus, Rentner von Landau. Gelbert, Bürgermeister von Kaiserslautern.
Lauterecken: Brand, kön. Huissier. Pfarrer Mayer. Kaufmann Keller. Bildhauer Bock.
Frankenthal: Das gesammte Presbyterium.
Neustadt a. d. H.: Maucher, Bürgermeister. Mündel, Adjunct. Kranz=bühler Stadtrath (außerdem eine Deputation des Presbyteriums.).
Dürkheim: ?
Kleinkarlbach: Lang.
Großkarlbach: G. F. Friederich. Chr. Fitting, Presbyter und Augustin, Pfarrer.
Ilbesheim: Peter Stübinger, Adjunct. G. Jahraus. Altschuh. Schmitt.
Immersheim: ?
Landau: Pfarrer Gelbert.
Nieder=Auerbach: Philipp Grund. Christian Scherer. Andreas Kramer.
Bittweiler: ?
Kaiserslautern: Dr. Jacob. Bürgerm. Gelbert. F. Pixis.

Bergzabern: Auffarth, Kaufmann. Krafft, Apotheker. Chr. Moritz.
Löbingen: Bürgermeister (Name unleserlich).
Laudel: Dr. Laumann. Apotheker Hofmann. Kaufmann Rothaas.
   Keußler.
Germersheim: Bürgerm. Kennel.
Weidenthal: Joh. Burckhardt.
Haßloch: Pfarrer Kalbfuß mit 50 Protestanten.
Ungstein: Johann Schreier, Gemeinderath. Laur, Lehrer.
Mußbach: Pfarrer Rompf.
Oggersheim: Bierbrauer Ganß und G. Frisch, Director der Spinnerei.
Rockenhausen: Valentin Porß und Peter Rhein.
Neukirchen: Lehrer Mönch.
Nußbach: Friedrich Schappert und Fr. Braun.
Grünstadt: Mich. Stumpf, Kaufmann. W. Seltsam, Landwirth.
Eisenberg: Fr. Holzbacher, Presbyter. Ch. Gräßler, Kaufmann.
   G. Gicht, Lehrer.
Alsenborn: Lehrer Hofmann.
Hengstbacherhof: Joh. Steitz.

Nassau.

Herborner Conferenz: Pfarrer Schröder und Kaufmann Ebertz.
Limburg a. L.: Kreisrichter Bücher.
Herborn: Reallehrer Bender.
Biebrich: Kaplan Bickel. Adjunct Groß. Rector Dr. Schäfer.
Wiesbaden: Geh. Hofrath Fresenius. Geh. Regierungsr. Firnhaber.
   Appellationsgerichtsrath Hehner. Dr. Schirm. Buchhändler Stein.
   Kaufmann Käsebier.
Dillenburg: Kaufmann Jacob Ebertz.
Weilburg: Gemeinderath Louis Simon.
Erbach im Rheingau: Bauinspector Willet in Eltville.
Kloppenheim: Rasch, Pfarrvikar.
Eberbach: Pfarrer Halder.
Heddernheim bei Frankf.: Jean Raab. Wilh. Barz. Ludw. Dübel. Carl Hartmann, Caplan.
Höchst und Nied: Sr Erl. Wilhelm Graf zu Bentheim-Fechtenburg
   und Bürgermeister Simon.
Rüdesheim: Kaplan Habermehl und Amtmann Seyberth.

Birkenfeld.

Reformverein: Jnt. Rath Fabriz.

Oesterreich.

Bielitz: Senior Dr. Haase.

Außerdeutsche Länder.

Straßburg: Bruch, Decan. Baum, Consistorialpräsident und Professor. Ungerer, Jnspector.
Siebenbürgen: Die Mitglieder eines Presbyteriums (Namen sind
   uns nicht bekannt geworden.).
St. Petersburg: v. Hertwig, Collegienrath.
   Die Zahl der Gemeinden und Vereine, welche Vertreter entsandten,
beträgt 127. Die Zahl der Vertreter etwa 250.

Süddeutsches
evangelisch = protest. Wochenblatt
für Geistliche und Gemeindeglieder

herausgegeben von W. Hönig, Stadtpfarrer in Heidelberg und
E. Zittel, Stadtpfarrer in Karlsruhe

ist ein allwöchentlich in der Größe eines Bogens erscheinen=
des Organ des Protestantenvereins mit besonderer
Berücksichtigung der Verhältnisse in den Ländern Baden und
Heffen. Einst hervorgegangen aus der Durlacher Confe=
renz und bestimmt, das Organ der kirchlichen Bewegung in
Baden zu werden, wird es vom 1. Juli d. J. an auch den
heißen Kampf, welchen der hessische Protestantismus in
diesem Augenblick durchzukämpfen hat, in seinen Inhalt auf=
nehmen, und die hervorragendsten Kräfte des dortigen Prote=
stantenvereins, worunter wir namentlich den Herrn Hofge=
richtsadvokaten Ohly in Darmstadt nennen, worunter sich
aber auch eine Anzahl der tüchtigsten liberalen Geistlichen
befinden, haben ihre Unterstützung zugesagt.

Das Südd. Wochenblatt erscheint abwechselnd in der einen
Woche als ein 8 Seiten starkes Blatt, in der andern 4 Sei=
ten stark, aber mit Beigabe eines „Protestantischen Sonntags=
blattes". Bespricht das Hauptblatt vorzugsweise practisch=
kirchliche Fragen (Kirchenverfassung, Lehre, Culturfragen u. a.),
so hat dagegen das Sonntagsblatt den Zweck, zu belehren,
aufzuklären, zu erbauen; es bringt populär wissen=
schaftliche Aufsätze, Betrachtungen über religiöse Gegenstände
allgemeiner Art, auch erbaulichen Inhalts, so daß dieser
Theil auch für die Familie eine brauchbare religiöse Lec=
türe bilden wird. Das Hauptblatt wird bringen 1) Leit=
artikel, Besprechungen von wichtigen Fragen der Gegen=
wart auf kirchlichem Gebiete; 2) Correspondenzen, Be=
richte aus verschiedenen Gegenden über Vorfälle, Versamm=
lungen, Feste, locale Streitigkeiten u. s. w.; 3) Kirchliche
Nachrichten, eine Umschau auf die wichtigsten Vorkomm=
nisse im kirchlichen Leben, namentlich auch in Norddeutschland.

Das Blatt wird in würdigem Tone, aber entschieden und
fest für die Freiheit in dem Sinne kämpfen, wie sie der

Protestantenverein auf sein Programm geschrieben hat. Es wird eintreten für die Ausbildung einer freien Verfassung auf der Grundlage des Gemeindeprincips, für die Freiheit der Lehre und des Bekenntnisses und für die volle Berechtigung der freisinnigen Richtung in der evangelischen Kirche neben der bekenntnißgläubigen, es wird kämpfen gegen allen Hierarchismus, kirchlichen Bürcaukratismus und jede staatliche Bevormundung; mitarbeitend an der großen Aufgabe unsrer Zeit, Cultur und Religion zu versöhnen, wird es sich bemühen, die Ergebnisse der heutigen Wissenschaft auch weitern Kreisen zur Kenntniß zu bringen und dadurch auch positiv belehrend und aufbauend zu wirken.

Wir sind überzeugt, daß ein speciell kirchliches Organ für unsere religiösen Bewegungen ein dringendes Bedürfniß ist. Politische Blätter können sich auf innerkirchliche und innerreligiöse Fragen unmöglich soweit einlassen, als es der gegenwärtige Kampf in unsrer protestantischen Kirche erfordert. Wir brauchen Aufklärung und Belehrung über die religiöse Aufgabe der Zeit, jedes Mitglied der Kirche muß im Stande sein, sich ein selbständiges Urtheil zu bilden — denn nur so ist ein Protestant ein wahrer Protestant, und nur so wird der Kampf wider Verfinsterung und Hierarchie uns gelingen.

Bestellungen werden auf ein halbes oder ganzes Jahr auf jedem Post=Amt gemacht. Der Bezugspreis (ohne Postaufschlag) ist halbjährlich fl. 1. 12 kr.

Probeblätter sind unentgeldlich vom Verleger G. Mohr (Buchdruckerei) in Heidelberg zu beziehen.

Die Redaktion.

www.ingramcontent.com/pod-product-compliance
Lightning Source LLC
Chambersburg PA
CBHW022038080426
42733CB00007B/879